Heinz Monheim

Bomben, Kaugummi und Swing

Erlebte Stadtgeschichte Band 5

Herausgegeben von der

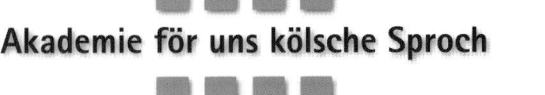

Akademie för uns kölsche Sproch

SK Stiftung Kultur

Heinz Monheim

„Bomben, Kaugummi und Swing"

Köln zwischen Krieg und Frieden

RASS'SCHE
VERLAGSGESELLSCHAFT
GMBH

Instant-Werk

Wir danken für die freundliche Unter-
stützung zur Herstellung dieses Buches.

Die Deutsche Bibliothek – CIP-Einheitsaufnahme

Monheim, Heinz
„Bomben, Kaugummi und Swing" : Köln zwischen Krieg und Frieden /
Heinz Monheim – 1. Aufl. – Bergisch Gladbach : **RASS'SCHE**, 2005
ISBN 3-9809631-4-4

1. Auflage 2005
© **RASS'SCHE VERLAGSGESELLSCHAFT GMBH**,
Bergisch Gladbach 2005
Satz und Druck: RASS GmbH & Co. KG, Druck & Kommunikation,
Bergisch Gladbach
Printed in Germany
ISBN 3-9809631-4-4

Inhalt

Einführung

Dieses Buch beginnt im Frühjahr 1945, der fürchterliche, alles zerstörende Krieg tobte nun schon im sechsten Jahr. Aber lange konnte er nicht mehr dauern, an allen Fronten wurden die Reste der deutschen Soldaten zurückgedrängt. So war denn auch die Ardennenoffensive verloren gegangen. Sie hatte mit großen Erfolgen begonnen, und die deutsche Armee hatte die alliierten Kampfverbände die schon tief in die Eifel vorgestoßen waren, gestoppt und bis weit nach Belgien hinein, zurückgeschlagen. Dann kam es zu der berühmten Schlacht im Hürtgenwald.

Es dauerte mehr als drei Monate bis die Amerikaner endlich den erbitterten Widerstand der Deutschen gebrochen hatten und auch diese Schlacht an der Westfront für sich entscheiden konnten. Sie hatten einen furchtbaren Blutzoll für diesen Sieg bezahlen müssen. Über fünfzigtausend junge Amerikaner hatten den Tod gefunden. Bei dieser einen Schlacht hatten die USA mehr Verluste als später im gesamten Vietnamkrieg. Aber auch auf deutscher Seite waren über fünfzehntausend Tote zu beklagen. Darunter befanden sich viele „Kindersoldaten", junge Burschen von 16 – 18 Jahren, die man von den Gymnasien oder ihren Lehrstellen weggeholt und gezwungen hatte, den Soldatenrock anzuziehen. Man hatte ihnen gesagt, es gelte die Heimat zu verteidigen und ihre Mütter und Geschwister vor den Amerikanern zu schützen. Die Propaganda hatte ihnen eingeredet, dass die Bodentruppen der Alliierten genauso grausam wären wie deren Luftwaffe, die ihre Heimatstädte so gnadenlos zerstört hatte. Deshalb kämpften sie ebenso verzweifelt wie sinnlos in dieser letzten großen Schlacht des Zweiten Weltkrieges. Sture Generäle auf beiden Seiten hatten sie zu diesem sinnlosen Gemetzel gezwungen. Besucht man heute die Soldatenfriedhöfe der Deutschen in der Eifel und die der Amerikaner, welche ihre gefallenen Soldaten in den Niederlanden begraben haben, so muss man erschüttert feststellen, dass die meisten von ihnen keine 25 Jahre alt geworden sind.

Wir bekommen ein neues Zuhause und ich finde einen Schatz

Als die vorher beschriebenen Ereignisse stattfanden, lebte ich mit meiner Mutter in Porz. Damals war Porz noch kein Stadtteil von Köln, sondern hatte der „Großgemeinde Porz" ihren Namen gegeben. Die Bombardierungen der Alliierten hatte uns dort hin verschlagen. Bei einem der großen Terrorangriffe auf das rechtsrheinische Köln war unsere Wohnung in der Esserstraße in Köln-Gremberg durch Brandbomben zerstört worden. Wir hatten alles verloren, uns war nur noch geblieben, was wir auf dem Leibe trugen. In Porz hatte man uns in ein altes, windschiefes, mit Schieferplatten verkleidetes Bauernhaus eingewiesen. Dieser kleine Bauernhof gehörte, mehrere Generationen lang, der jüdischen Familie Maier. Als die Nazis diese Menschen deportiert hatten, benutzten die Behörden ihn als Notunterkünfte für die ersten Flüchtlinge dieses Krieges. Es waren die Kölner, die bei Fliegerangriffen ihre Wohnungen verloren hatten, und die nun ein neues Zuhause suchten. „Bombenflüchtlinge", so bezeichnete man diese vom Schicksal hart getroffenen Menschen, die nicht nur ihr Heim nebst Hab und Gut, sondern oft auch Angehörige verloren hatten, in der Amtssprache.

Der Begriff „Bombenflüchtlinge" hatte einen negativen Klang, brachte diese erste Flüchtlingswelle doch Unruhe und Nachteile für die Alteingesessenen mit. Diese Menschen waren obdachlos und brauchten ein neues Dach über dem Kopf. Notgesetze wurden geschaffen, und jeder Bürger hatte plötzlich nur noch Anrecht auf wenige Quadratmeter Wohnfläche. Die im Umland der Großstädte noch unversehrten oder leicht beschädigten Wohnungen und Häuser wurden vermessen. War der Wohnraum nach den Bestimmungen der Notverordnungen zu groß, wurde er kompromisslos beschlagnahmt. Plötzlich hatte man fremde Menschen im Haus oder in der zu großen Wohnung und musste, mit oft völlig Fremden, WC und Küche teilen. Wollte man ein Bad nehmen, gab es große Probleme. Da die meisten Wohnungen damals keine Badezimmer hatten, mussten diese Bäder in den Küchen stattfinden. Das bedeutete, dass genaue Zeitpläne aufgestellt werden mussten, welche Familie wann baden durfte. Solche Badetage waren meist an den Wochenenden, dann musste extra eine Zinkbadewanne aus dem Keller oder vom Speicher geholt werden.

Wir hatten ein wenig Glück im Unglück und brauchten unser Asyl mit keinem zu teilen. Die Nachbarn nannten das alte, von außen noch recht ansehnlich aussehende Schieferhaus „Maiers Hüsje". Doch die Schieferplatten verdeckten gnädig seinen wirklichen Zustand. Aus schlechten Materialien gebaut, war es eigentlich nur noch ein Abrissobjekt. Die Wohnverhältnisse waren äußerst primitiv. Wir hatten zwei winzige Räume. Das war eine Küche, in die gerade ein Tisch mit ein paar Stühlen, eine Topfbank und ein kleiner Kohleherd passten, dazu ein Schlafzimmer mit zwei Betten und einem Kleiderschrank.

Die wenigen Möbel und das Allernötigste an Dingen zum täglichen Leben: Geschirr, Besteck, Tassen und Teller, hatten wir auf Bezugsscheine bekommen Die Verteilung dieser Gegenstände lief unter dem offiziellen Namen „Erste Hilfe". Sie wurden nur an Menschen ausgegeben, die durch die Bomben alles verloren hatten und als „Totalgeschädigte" bei den Behörden geführt wurden. Alle unsere neuen Sachen, einschließlich des Kochherdes, der gleichzeitig als einzige Heizquelle für die beiden Wohnräume dienen musste, waren äußerst einfach, dazu schnell und grob zusammengezimmert. Von den sie austeilenden Stellen waren sie nur nach praktischen Aspekten und ohne den geringsten Sinn für Schönheit zusammengestellt worden, nichts passte zusammen. Wenn meine Mutter sich unbeobachtet fühlte, saß sie oft auf einen der unbequemen Stühle und weinte still vor sich hin. Sie vermisste ihre Wohnung, für deren Einrichtung sie jahrelang geschuftet und gespart hatte. Bestimmt weinte sie auch um ihre Gläser und Schüsseln aus Kristall, die sie so leidenschaftlich gesammelt und sich vom Mund abgehungert hatte. Und ganz sicher weinte sie auch um den Schmuck, den sie besessen hatte. Es war nicht viel gewesen, einige Ringe, ein oder zwei Ketten, ein kleines Collier, welches sie von ihrer Großmutter geerbt hatte. Einfacher Goldschmuck, nichts kostbares, aber an allen Stücken hingen doch ihre Erinnerungen. Erinnerungen, die ihre Jugend bedeuteten. Nun hatte sie nichts mehr, außer ihren Träumen.

Mein Vater war seit Jahren schon Soldat und von uns getrennt. Meine Eltern waren gerade ein gutes Jahr lang verheiratet und ich war einige Monate alt, als man meinen Vater erst in den Arbeitsdienst und danach sofort zur Wehrmacht eingezogen hatte. Als seine Wehrpflicht fast beendet war, brach der Krieg aus. Ohne noch einmal nach Hause kommen zu können, hatte man ihn und seine Kameraden in Eisenbahnzüge verladen und nach Osten abtransportiert. Man brachte sie direkt an die Front, und sie mussten am Polenfeldzug teilnehmen. Nur ein paar Mal war er in den folgenden Jahren auf Fronturlaub zu Hause gewesen. Ihre junge Ehe hatte das nicht verkraftet. Der Krieg hatte sie beide verändert und in jedem dieser kurzen Urlaube hatten sie sich mehr auseinandergelebt. Ich kannte meinen Vater kaum, meine Erinnerungen an ihn, gesammelt bei diesen kurzen Verschnaufpausen, die man ihm während des Krieges gegönnt hatte, waren von seiner Strenge und seiner distanzierten Haltung mir gegenüber geprägt.

Meine Mutter muss damals sehr einsam gewesen sein, und unser Notquartier machte alles noch schlimmer. Fließendes Wasser musste an einer Zapfstelle in einem der ehemaligen Ställe geholt werden. An sanitären Einrichtungen gab es nur einen einzigen „Plumsklo". Der war draußen auf dem Hof in der entlegensten Ecke angebracht . Diese stinkende Toilette mussten wir noch mit zwei anderen, im Haus wohnenden Familien teilen. Dazu kamen noch die Gesellen und Lehrlinge der Schreinerei Monz, die in der ehemaligen Scheune ihre Werkstatt hatte.

Würde man in der heutigen Zeit Asylanten in einer solchen Unterkunft unterbringen, dann gäbe es sicher Proteste und vielleicht sogar Demonstrationen ohne Ende. Wir aber mussten es damals hinnehmen. Als meine Mutter sich im Gemeindeamt über diese menschenunwürdigen Zustände beschwerte, sagte man ihr, sie sollte froh sein, dass sie diese Unterkunft überhaupt erhalten hätte. Anderen ginge es noch viel schlechter, man befände sich ja schließlich im Krieg.

*

Wir lebten nun schon mehr als ein Jahr in diesem Elendsquartier. Meine Mutter hatte es ein wenig wohnlicher gemacht. Aus irgendwelchen alten Stoffresten hatte sie Gardinen geschneidert. Auch vor der aus einfachen Brettern zusammengezimmerten Topfbank hing jetzt ein Vorhang und verdeckte gnädig unser Sammelsurium an Küchenutensilien. Ein paar gebrauchte Möbelstücke, die uns mitleidige Menschen geschenkt hatten, waren dazu gekommen. Nun konnten wir wenigstens die wenigen Sachen, die wir besaßen, und die vorher in Ecken gestapelt, oder an Nägeln an den Wänden aufgehängt waren, darin verstauen. Alles sah jetzt schon ein wenig wohnlicher aus. Mutter bemalte einige Weißblechkonservendosen mit einfachen Blumenmotiven. Diese Dosen waren nun unsere Blumenvasen, die Mama mit Wildblumen füllte, welche sie an der Rheinuferböschung gepflückt hatte. Wir hatten wieder ein „zu Hause". Bis auf den „fiesen Klo" fand ich es sogar ganz nett dort. In der Hofanlage konnte man ausgezeichnet spielen, und in den unbenutzten ehemaligen Ställen gab es viel zu entdecken. Diese altersschwachen Gebäude, deren Mauern man vor fast genau 100 Jahren mit Lehmmörtel hochgezogen hatte, waren alle einsturzgefährdet. Das Alter des Hofes wussten wir deswegen so genau, weil über der Haustür die Jahreszahl 1843 in die Schieferplatten eingeschlagen war.

Natürlich war es uns Kindern streng verboten in diesen Gebäuden zu spielen. Das machte für uns die ganze Angelegenheit nur noch interessanter. Wann immer wir uns unbeobachtet fühlten, stöberten wir in den mit alten Gerümpel gefüllten Ställen herum. Dort fand ich auch den ersten und bis heute einzigen „Schatz" in meinem Leben. Es war so wie ich es in den Abenteuerbüchern des Verlages „Kamerad Bücherei", die man in der Pfarrbibliothek ausleihen konnte, gelesen hatte. In einem der Bücher fand der Romanheld, ein Junge von 9 Jahren, vergraben in altem Gemäuer einer Burgruine, einen Schatz. Der bestand aus Gold und Silbermünzen, die sich in einer kostbaren Kristallvase befanden.

Ja und fast das gleiche Erlebnis hatte ich damals auch. Dabei liegt die Betonung leider auf dem Wörtchen „fast". Auch ich war 9 Jahre alt und auch ich stöberte in geheimnisvollem Gemäuer herum und hoffte einen Schatz zu finden. In einer alten Zigarrenkiste hatte ich Gewichte für eine Dezimalwaage entdecken. Kurzerhand fasste ich den Entschluss, die Gewichte mitzunehmen, weil man ja damit prima spielen konnte. Doch als ich sie anhob, brach der Boden der morschen Zigarrenkiste, und die Gewichte fielen auf die Erde. Als sie aufschlugen, war ein hohl und dumpf klingendes Geräusch zu hören. Jetzt wurde der Schatzsucher in mir wach, da musste ein Hohlraum sein. Mit dem Rest der Zigarrendose kratzte ich den Staub und Dreck beiseite, der sich dort angesammelt hatte. Ein Brett wurde sichtbar, wenn ich darauf klopfte, hörte ich genau, dass es darunter keinen festen Boden gab. Jetzt wurde ich ganz aufgeregt, schnell suchte ich mir ein Werkzeug mit dem ich das abdeckende Brett entfernen konnte. Es dauerte nicht lange, da hatte ich das stark angefaulte Stück Holz zerbrochen. Als ich die Reste zur Seite wuchtete, bot sich meinen Augen ein sehr geheimnisvoll aussehender Hohlraum dar. Vorsichtig entfernte ich Staub und Spinngewebe, und genau wie mein Romanheld fand ich ein Glasgefäß, welches bis zum Rand mit Münzen gefüllt war. Das Herz schlug mir bis zum Halse. Jetzt war ich reich und konnte meiner Mutter etwas Schönes kaufen, ja und eine eigene Toilette mit Wasserspülung würde ich uns auch bauen lassen. Ich schleppte meinen „Schatz" zum nächsten Fenster und stellte ihn auf der Fensterbank ab. Meine Euphorie erhielt ihren ersten Dämpfer, als sich im hellen Sonnenlicht, welches durch das schmutzige Fenster hereinfiel, die kostbare Kristallvase als ein mit verrostetem Deckel verschraubtes Einmachglas entpuppte. Die erhofften Gold- und Silbermünzen erwiesen sich dann als Pfennigmünzen aus der Weimarer Republik, sie waren noch nicht einmal aus Kupfer und wirklich keinen Pfennig wert. Vielleicht hatte sie einmal ein junges Mädchen gesammelt, um sich damit ihre Brautschuhe zu kaufen? Vielleicht waren sie aber auch nur Wechselgeld für die kleine Milchhandlung gewesen, die von der Familie Maier hier einmal betrieben wurde. Egal wie auch immer das Glas in dieses Versteck gekommen war, mit dem Geschenk für meine geliebte Mutter würde es nichts werden, und auch den Plumsklo würden wir weiter benutzen müssen.

Wie einsturzgefährdet die alten Stallgebäude waren, erfuhren wir einige Wochen nach meinem Schatzfund auf drastische Weise. Eines morgens zwischen vier und fünf Uhr, wurden alle Hausbewohner durch ein lautes Krachen und Poltern geweckt. Als wir erschreckt aus den Fenstern sahen, wallte eine riesige Staubwolke durch den Innenhof. Als sich der Staub senkte, sahen wir im ersten Morgengrauen, dass von den Ställen nur ein Haufen Schutt übrig geblieben war, aus dem im wirren Durcheinander Balken und Eisenträger herausragten. Die alten Kotten waren ohne Fremdeinwirkung wie ein Kartenhaus zusammengefallen. Wäre der Einsturz einige Stunden später erfolgt, wer weiß, was da alles hätte passieren können.

Fräulein Zündorf

Die anfangs des Buches beschriebene Ardennenoffensive war in vollem Gange. Aber auch hier wurde es immer gefährlicher. Die Alliierten glaubten, mit dem Bombardement der deutschen Städte den Widerstand der deutschen Soldaten brechen zu können. Der Lauf der Geschichte hat bewiesen, dass sie damit genau das Gegenteil erreichten. Es gab nun täglich mindestens einen, oft sogar mehrere Bombenangriffe auf zivile Ziele in Köln. Auch Porz war betroffen; der große Verschiebebahnhof in Gremberghoven, einer der größten Frachtgutbahnhöfe Europas, war immer wieder das Ziel der Bomber. Dabei fielen auch viele Bomben auf die umliegenden Ortschaften.

Nachts kamen die Engländer, tagsüber die Amerikaner und luden ihre tödliche Fracht über der Zivilbevölkerung ab. Die Betroffenen bestanden fast ausschließlich aus Frauen, Kindern und alten Menschen. Die Männer waren doch alle an der Front, überall in Europa verstreut. Die Nazis, die sich der Wehrpflicht entziehen konnten, saßen alle in sicheren Bunkern. Opfer wurden zumeist nur die, welche die wenigste Schuld an diesem Krieg hatten.

Da die meisten Schulen nicht über bombensichere Schutzräume verfügten und es dem Lehrpersonal unmöglich war, bei Fliegeralarm eine ganze Schule rechtzeitig in den nächsten Luftschutzbunker zu bringen, hatte man den Unterricht eingestellt und die Schulen kurzerhand geschlossen. Das war für uns Pänz natürlich eine gute Sache, hatten wir doch nun den ganzen Tag Zeit für unsere Spiele und Abenteuer. Doch dann mussten wir trotzdem wieder lernen. Viele Lehrer erklärten sich bereit, die Kinder, die in ihrer Nachbarschaft wohnten, bei sich zu Hause zu unterrichten. Unsere Enttäuschung darüber, dass die Zeiten des süßen Nichtstun schon wieder vorbei waren, minderte sich aber beträchtlich, als wir erfuhren, dass wir vom „Fräulein Zündorf" diese Lehrhilfe erhalten sollten.

Umgeben von einem etwas verwildert aussehenden Garten, unmittelbar am hohen Porzer Rheinufer gelegen, stand ein kleines Haus. Es lag versteckt hinter Büschen, Bäumen und vielen Blumen. Ein schmaler Weg, der mit feinem Kies bedeckt und immer sorgsam geharkt war, führte zur Haustür. Es war eine schöne alte Holztür, geschmückt mit vielen Schnitzereien. Sie hatte genau in der Mitte einen Messingflügel. Wenn man ihn drehte, ertönte aus dem Inneren des Hauses ein melodisches Klingeln. Nach diesem Klingeln dauerte es nicht lange, bis sich die schwere Tür mit einem Knarren öffnete. Dann trat eine kleine, zierliche alte Dame in den Türrahmen. Ihr weißes Haar hatte sie zu einem dicken Dutt im Nacken zusammengesteckt. Freundlich lächelte sie ihre Besucher an und dabei strahlten ihre schönen blauen Augen wie zwei Sterne. Das war „Fräulein Zündorf". So wurde sie im ganzen Ort genannt, ich glaube, die meisten Leute kannten ihren Vornamen gar nicht. Durch ihr immer freundliches Wesen und ihre Hilfsbereitschaft war sie überall beliebt. Auch wir Kinder fanden sie prima und verschonten sie von unseren Streichen, mit denen wir sonst so gerne die Erwachsenen ärgerten. Die meisten alten Porzer kannten sie noch von der Volksschule. Denn „Fräulein Zündorf" war dort Lehrerin gewesen und hatte Generationen von Porzer Kindern das ABC und das Einmaleins beigebracht. Sie wohnte schon ihr ganzes Leben lang in diesem, uns Kindern immer ein wenig geheimnisvoll und verwunschen erscheinenden Häuschen. Als sie ihr Studium beendet hatte und die Lehrerstelle in Porz antrat, ging gerade das alte Jahrhundert zu Ende. Sie war zu dieser Zeit so um die 25 Jahre alt. Mit ihren blonden Locken und dem strahlenden Blau ihrer Augen war sie recht hübsch an zu schauen. So hatte sie bald auch ihre Verehrer. Aber die fanden vor den prüfenden Augen ihrer strengen Eltern keine Gnade. Die Jahre vergingen, ohne dass sie einen Mann kennen lernte, mit dem sie eine Beziehung eingehen konnte. So ergab es sich, dass es zu keinem festen Verhältnis kam, welches letztendlich zu einer Hochzeit geführt hätte. Dann pflegte sie ihre altersschwach gewordenen Eltern bis zu deren Tod. Das nahm sie so in Anspruch, dass ihr gar keine Zeit für etwas anderes übrig blieb. Als ihre Mutter als letzte starb, war sie schon weit über dreißig Jahre alt. Sie begann endlich ihr eigenes Leben zu führen. Sie hatte in ihrer Schule einen Kollegen, der sie schon lange verehrte. Es war ein stiller, etwas in sich gekehrter Mann, der in seiner Lebensweise der damaligen Zeit weit voraus wahr. Er war sehr sanft zu seinen Schülern, für ihn war die Prügelstrafe kein Thema. Damit hatte er viel mehr Erfolg bei den Kindern, als seine Kollegen, bei denen der Rohrstock zum normalen Handwerkszeug gehörte. Auch der kaiserlichen Monarchie stand er kritisch gegenüber, und seiner Meinung nach hätte das arbeitende Volk viel mehr Rechte haben müssen. Das waren gefährliche Gedanken zu diesen Zeiten, zumal für einen Lehrer. Darum behielt er seine Ansichten meistens für sich, nur manchmal entschlüpfte ihm ein kritisches Wort. Schon diese wenigen Äußerungen, die oft nur andeutungsweise konträr waren, brachten ihm Stirnrunzeln und Unverständnis seines Kollegiums ein. Deshalb blieb er nun meistens still, zog sich immer mehr zurück und wurde zum Einzelgänger. Nur mit seiner fast gleichaltrigen Kollegin Zündorf blieb er weiter in Kontakt. Er war schon seit langem in sie verliebt und diese Liebe war mit den Jahren bei ihm zu einer träumerischen Schwärmerei geworden.

Auch Fräulein Zündorf hatte sich immer zu diesem recht gut aussehenden Mann hingezogen gefühlt. Seine ruhige Art sowie die gefühlvolle Wärme, die bei seinen Handlungen immer wieder zu erkennen war, imponierten ihr sehr. Denn dass er ein liebevoller, von romantischen Träumen erfüllter Mensch war, hatte sie, mit der Frauen eigenen Intuition, sofort erkannt. Das konnte er auch mit der kühlen Sachlichkeit, mit der er sich zu seinem Schutz umgab, vor ihr nicht verdecken.

Als sie dann endlich Zeit für sich hatte, frei war von den Verpflichtungen ihren Eltern gegenüber, änderte sich das Leben der beiden sehr schnell. Plötzlich erwiderte sie seine scheuen Annäherungsversuche, und so kamen sie sich schnell näher. Die beiden Menschen, die noch nicht viel Glück in ihrem Leben hatten, erfuhren nun an der Schwelle zwischen Jugend und dem gesetzteren Leben, wie viele herrliche Erlebnisse und Glücksmomente eine wirklich große Liebe den Betroffenen bringen kann. Es war für sie beide das erste Mal, dass sie so intensiv einen Menschen liebten und diese Liebe im gleichen Maße vom Partner erwidert wurde. Einige Monate trugen sie ihre Gefühle wie auf Flügeln dahin. Sie erlebten eine wunderbare Zeit, und es sollte für sie beide die schönste Zeit ihres Lebens sein. Sie verlobten sich offiziell, und das Datum für die Hochzeit war schon fest eingeplant. Da brach der erste Weltkrieg aus. „Fräulein Zündorfs" Bräutigam war Leutnant der Reserve, und darum war er einer der Ersten, die zu den Fahnen gerufen wurden. Beim Abschied schworen sie sich die Treue und vereinbarten, dass sie beim ersten Heimaturlaub des Mannes heiraten würden.

Doch das Schicksal meinte es anders, Fräulein Zündorf sah ihren Geliebten nie wieder. Der stille Lehrer erhielt keinen Heimaturlaub mehr, eine Kugel beendete schon in den ersten Tagen des Krieges alle seine Träume und Sehnsüchte und ließ Fräulein Zündorf mit ihrer Liebe alleine zurück.

Sie brauchte lange, um diesen Verlust zu verkraften, doch mit der Zeit öffnete sie sich ihrer Umwelt wieder. Ihrem in Frankreich gefallenen Verlobten hielt sie ein Leben lang die Treue. Die Trennung der beiden war in einem Stadium erfolgt, als ihre Liebe noch in der euphorischen Anfangsphase war, einer Zeit, in der noch alles golden verklärt ist. Wo zwischen den Jungverliebten ein Einklang und eine Harmonie herrscht, die nur die beiden selbst verstehen, und die für Außenstehende oft ein wenig kindisch wirkt. Ein Kuss beendet in diesem Stadium einer Beziehung noch jedes Problem und die ersten Meinungsverschiedenheiten. So war Fräulein Zündorf Erinnerung an die gemeinsame Zeit mit ihrem Geliebten von keinem Makel bedeckt und mit dem goldenen Schein einer romantischen Lebenserfahrung umhüllt. Der stille Lehrer blieb für immer die große Liebe ihres Lebens. Sie lebte mit den Träumen und ihren Sehnsüchten an diesen, für sie so wunderschönen Zeitraum, weiter, ohne eine verschlossene, griesgrämige, alte Juffer zu werden. Sie hatte das Glück gehabt, eine wirklich große Liebe erleben zu dürfen, dafür war sie dem Schicksal dankbar.

Die Liebe und Zärtlichkeit, die sie erfüllte, gab sie an ihre Schulkinder weiter. Kindern den Weg in das weitere Leben zu erleichtern, war für sie eine Berufung. Diese Aufgabe füllte sie gänzlich aus und machte sie zu einem glücklichen Menschen. Sie blieb immer freundlich, gut gelaunt und aufgeschlossen. Sie war mit einer inneren Zufriedenheit erfüllt wie sie nur selten einem Menschen beschieden ist.

Als Fräulein Zündorf erfuhr, dass die Schulen geschlossen worden waren, lud sie sofort die Kinder aus ihrer Nachbarschaft ein, um mit ihnen ein wenig das Lesen und Schreiben zu üben.

So kam es, dass wir drei Mal in der Woche bei ihr im Wohnzimmer saßen. Wir, das waren etwa zehn Kinder, Mädchen und Jungen im Alter von acht bis zehn Jahren. Wir wohnten alle in ihrer näheren Umgebung und kannten sie darum recht gut. Wenn wir vor ihrem Haus an dem steil abfallenden und dicht mit Bäumen und Gebüsch bedeckten Rheinufer spielten, trafen wir sie des öfteren. Sie unterhielt sich mit uns und meistens bekamen wir irgendeine Kleinigkeit von ihr geschenkt. Als sie mich zum ersten Mal sah, winkte sie mich zu sich heran: „Hallo, dich kenne ich ja gar nicht, wer bist du denn?"

Ich erklärte ihr die Umstände, warum ich nun hier mit meiner Mutter wohnen würde. Daraufhin streichelte sie mir über das Haar und sagte liebevoll: „Ach Gott, du bist also ein kleiner Bombenflüchtling. Hoffentlich gefällt es Euch hier, in eurer neuen Umwelt."

Ich sagte ihr, dass es mir soweit ganz gut gefallen würde. Den Plumsklo verschwieg ich, denn ich schämte mich viel zu sehr, um mit Fremden darüber zu sprechen, in welchem Elendsquartier wir wohnen mussten.

Schließlich wollte sie noch wissen, wieso wir denn ausgerechnet in Porz ein neues Obdach gefunden hätten. Ich erzählte ihr, dass mein Vater von Porz wäre. Als sie seinen Namen erfuhr, rief sie: „Was? Du bist der Sohn vom Monheims Willi? An den kann ich mich noch sehr gut erinnern, denn er war ja für einige Jahre mein Schüler. Ich dachte, das wäre erst ein paar Jahre her und jetzt steht schon sein Sohn vor mir."

Sie rubbelte mir noch einmal durch die Haare und schüttelte verwundert ihren Kopf. Ein wenig wehmütig sagte sie dann abschließend: „Da sieht man, wie die Zeit vergeht und wie alt ich schon geworden bin."

Der Unterricht bei „Fräulein Zündorf" war etwas ganz besonderes. Wir mussten zwar auch Lesen, Schreiben und Rechnen üben, aber die meiste Zeit hingen wir gebannt an ihren Lippen und lauschten den spannenden Geschichten, die sie uns erzählte oder aus einem ihrer Bücher vorlas. Es gab ungezählte Bücher in ihrem Haus, die in prallgefüllten Regalen überall zu finden waren. Selbst in dieser so armen Zeit hatte sie immer eine Kleinigkeit für uns parat. Mal waren es Äpfel oder Birnen (die man damals in den immer kühlen Kellern auf einer Strohunterlage aufbewahrte, und die bis ins Frühjahr hinein haltbar blieben). Wenn sie nicht genug hatte, um jedem Kind eine ganze Frucht zu geben, machte sie eine Rechenaufgabe daraus. Die Früchte wurden geviertelt, und wir mussten ausrechnen, wie viele dieser Viertelstücke jedes Kind bekam. Manchmal gab es sogar für jeden ein paar Bonbons. Weiß der Himmel, woher sie die bekommen hatte. Einmal überraschte sie uns mit heißem Kakao. In der hintersten Ecke ihres Vorratsschrankes hatte sie, versteckt in einer Blechdose, eine Tüte gefunden, in der noch ein paar Esslöffel Kakaopulver waren. Da sie weder Milch noch Zucker hatte, gab es mit heißem Wasser gekochten und mit Sacharin gesüßten Kakao. Wir waren so ausgehungert, dass wir diese Brühe trotzdem begeistert schlürften. Egal, wo ich auch später in meinem Leben Kakao getrunken habe, nie wieder hat er mir so gut geschmeckt, wie damals der Wasserkakao in „Fräulein Zündorfs" Wohnzimmer.

Das Rapsölschiff

Es gab immer weniger Schiffe auf dem Rhein. Der Ausflugs-
verkehr der Köln-Düsseldorfer und der Weberschiffe war
längst eingestellt. Es gab keine Passagierschiffe mehr auf dem
Fluss, die Gefahren für die Benutzer waren viel zu groß. Die
amerikanischen Tiefflieger flogen immer öfter ihre Angriffe
auf die auf dem Rhein fahrenden Schiffe und versenkten viele
davon. Dabei machten sie keine Unterschiede, ob es sich um
Fracht- oder Passagierschiffe handelte. Kurz bevor der
Schiffsverkehr gänzlich eingestellt wurde, fuhr ein kleiner
Tanker, von Köln kommend an Porz vorbei. Es war ein
Selbstfahrer, der einen eigenen Antrieb hatte und auf keinem
Schleppverband angewiesen war. Ein Jabo (Jagdbomber) griff
ihn an und beschoss das Schiff mit seinen Bordwaffen. Er
flog im Sturzflug nur wenige Meter über seinem Ziel hinweg
und klinkte die kleinen Bomben, die er an Bord hatte, genau
im richtigen Moment aus. Zwei davon trafen und schlugen
den Tanker leck. Das Schiff begann zu sinken. Der Kapitän
war ein fähiger und besonnener Mann. Er verließ sofort die
tiefe Fahrrinne, die direkt am Porzer Ufer entlang ging und
steuerte das Weißer Ufer auf der anderen Rheinseite an. Dort
setzte er sein Schiff auf dem seichteren Ufer auf Grund. Der
Tanker hatte Rapsöl geladen. Das sollte eigentlich an die
hungernde Bevölkerung verteilt werden, aber jetzt lief es aus
großen Lecks in den Fluss.
Nachdem das amerikanische Kampfflugzeug verschwunden
war, fuhr der Porzer Fährmann Hein Lülsdorf mit seiner
Fähre hinüber um zu sehen, ob die Besatzung des Tankers
Hilfe brauchte. Als er zurück kam, wartete eine Menge von
neugierigen Porzer Bürgern an seiner Anlegestelle. Er berich-

tete, dass die Bootsleute Glück gehabt hatten, keiner war verletzt worden. Dann sagte er den Leuten: „Geht schnell nach Hause und holt euch große Kessel. Der Tanker hat Speiseöl, nämlich Rapsöl geladen. Das läuft seitlich aus ihm heraus, und die Strömung treibt es direkt gegen das Ufer. Da es ja leichter als Wasser ist, schwimmt es oben und man kann es abschöpfen. Bringt euch also auch Schöpfkellen mit.“ Die Leute machten sofort kehrt und rannten zu ihren Wohnungen, um Gefäße und Kellen zu holen. Bald fuhr der Fährmann hin und her und brachte mit Kesseln und Wannen bepackte Porzer auf das Weißer Ufer. Von der Anlegestelle mussten sie einige hundert Meter rheinaufwärts gehen. Wenn sie dann auf Höhe des Wracks waren, konnten sie sogleich das aus dem Leck strömende Öl erkennen. Es trieb, eine goldgelbe Bahn auf den Strom zeichnend, mit der Strömung auf das Ufer zu.

Das Schiff lag so weit draußen, dass man ein Boot hätte haben müssen, um es zu erreichen. Das Wrack befand sich in knapp zwei Meter tiefem Wasser und wurde von gurgelnder Strömung umspült. Da keiner der Ölschöpfer über einen Kahn oder etwas ähnlichem verfügte, war es allen unmöglich an Bord zu kommen. Den Leuten blieb nichts anderes übrig, als das schwimmende Öl vom Wasser abzuschöpfen. Überall bildeten sich Gruppen, die um ihre Gefäße standen und versuchten, sie mit möglichst viel Öl und wenig Rheinwasser zu füllen. Not macht erfinderisch, und so probierten sie es mit den verschiedensten Methoden. Die einen versuchten mit Suppenkellen, andere mit Kehrschaufeln den dünnen Ölteppich in ihre Kessel zu bekommen. Ganz Schlaue versuchten, das Öl mit Tüchern abzuschöpfen. Sie standen zu zweit im Wasser und hielten Tücher unter den Ölstrom. Auf Kommando wurden diese Tücher vorsichtig und gleichmäßig angehoben und das darauf befindliche Öl aus dem Tuch in ein Gefäß gewrungen. Egal, welche Methode angewendet wurde, es kam überall eine Menge Rheinwasser in die Töpfe und Wannen. Hatte man seine Gefäße soweit gefüllt, dass man sie transportieren konnte, ohne dass die Brühe überschwappte, dann ging es zurück zur Fähre. Ich war mit meiner Mutter und meiner Tante am Ölschiff gewesen, und die beiden Frauen schleppten einen großen Waschkessel, gefüllt mit dem Spezialgemisch: goldgelbes Rapsöl versetzt mit dreckigem Rheinwasser zum Maiers Hüsje. Ich hatte Glück und brauchte nur die Schöpfkellen zu tragen.

Auf der Fähre hatte uns eine Frau erklärt, die einzige Möglichkeit, Öl und Wasser wieder zu trennen, wäre, das Gemisch zum Sieden zu bringen. Dann müsse es solange kochen, bis dass Wasser verdampft sei. Zum Schluss bliebe dann nur noch das Speiseöl übrig. Das klang einleuchtend, und meine Mutter bedankte sich hocherfreut für den guten Tipp. Sie sagte zu ihrer Schwester: „Wenn das klappt, Sophie, dann haben wir mindestens einen halben Kessel Öl, und das reicht dann für ein paar Monate. Dann streichelte sie mir über meine mageren Beine und zwinkerte mir zu: „Davon bekommst du bestimmt ein wenig mehr Fleisch auf deine Knöchelchen."

Zu Hause angekommen, wuchteten die beiden Frauen den, trotz allem Verlust durch Überschwappen beim Transport, noch immer zu drei Viertel gefüllten Kessel auf unseren kleinen Küchenofen. Sofort wurde dieser geheizt und bald schon begann die Ölbrühe zu dampfen. Meine Tante umarmte meine Mutter erfreut und sagte: „Es scheint zu klappen."

Doch die Frauen hatten in ihrer Unkenntnis einen großen Fehler gemacht. Sie hätten nicht die gesamte Flüssigkeit auf einmal erhitzen dürfen. Je heißer es in dem Kessel wurde, um so mehr Dampf stieg daraus empor, von Tante und Mama mit Freude registriert. Doch das Unheil nahm schon seinen

Lauf, denn nun begann das Gemisch zu sieden. Im gleichen Moment wallte es auf, stieg in Sekundenschnelle hoch, lief über den Kesselrand und überschwemmte den überhitzten Ofen. Meine Mutter hatte sofort die Gefahr erkannt, in der wir uns plötzlich befanden, und schrie: „Sophie, der Kessel muss vom Ofen."

Beherzt packten die Frauen den Kessel, trotzdem sie sich die Finger an den heißen Griffen verbrannten, wuchteten sie ihn hoch. Es war keine Sekunde zu früh, denn plötzlich entzündete sich das auf die Herdplatte gelaufene Ölgemisch mit einem dumpfen Knall. Sofort loderte das Feuer über den gesamten Herd und leckte seitwärts daran hinunter, dem übergelaufenen Öl hinterher. Meine Tante schrie voller Angst und Schrecken auf und machte Anstalten, den Kessel loszulassen. Meine Mutter aber behielt zum Glück die Nerven und schrie ihre, in Panik geratene, Schwester an: „Nicht absetzen Sophie. Der Kessel muss hier raus, wir müssen ihn auf den Hof bringen, sonst fliegt das ganze Haus in die Luft." Sie schleppten das Gefäß, welches zum Glück selbst noch kein Feuer gefangen hatte, aus dem Haus und stellten es im Freien ab. Dann stürzten sie zurück in die Küche, wo sich das Feuer von dem brennenden Ofen herunter, schon bis auf den Fußboden ausgebreitet hatte. Auch jetzt zeigte meine Mutter Nervenstärke und bewies, wie sehr sie der Krieg gelehrt hatte mit Gefahren fertig zu werden. Da es keine Wasserversorgung mehr gab, seit das Wasserwerk, welches uns beliefert hatte, von Bomben zerstört worden war, stand neben dem Wasserbecken jetzt ein Eimer, der mit Trinkwasser gefüllt war. Dieses Wasser musste aus einem Brunnen in der Glasfabrik geholt werden. Dort befand sich damals die einzige funktionierende Trinkwasserstelle im Ort. Mutter warf die Handtücher, die neben dem Spülstein hingen, in diesen Eimer. Mit den nassen Tüchern schlugen die Frauen auf die Flammen ein und brachten das Feuer zum Verlöschen. Sie verhinderten so, dass das aus Holzfachwerk erbaute „Maiers Hüsje" ein Opfer der Flammen wurde und uns zum zweiten Male alle Habseligkeiten verbrannt wären.

Aus Schaden wird man klug. Kaum war der Schreck über das vorangegangene Missgeschick überwunden, so wurde der Siedevorgang erneut in Angriff genommen. Doch jetzt wurden kleinere Kessel auf den Ofen gesetzt. Die waren nur noch so hoch gefüllt, dass sie nicht überkochten. Nur die optimistische Erwartung meiner Mutter vom Ertrag dieser Ölkocherei traf bei weitem nicht ein. Die so schön anzuschauende goldene Ölspur auf dem Rhein war nur millimeterdick gewesen und mindesten 80 Prozent der heimgeschleppten Brühe war verdrecktes Rheinwasser. Die wenigen Flaschen, die nach dem endlos langen Abkochen gefüllt werden konnten, enthielten immer noch einen großen Anteil Rheinwasser. Aber das war jetzt stundenlang abgekocht und dadurch genießbar geworden.

*

Um zu verstehen, warum wir damals solche Anstrengungen auf uns nahmen, nur um ein paar Liter verdrecktes und eigentlich ungenießbares Öl zu bekommen, muss man folgendes wissen: In den Städten war die Versorgung mit Lebensmitteln völlig zusammengebrochen. Der größte Teil der Bevölkerung musste schlimmen Hunger erleiden, die meisten Menschen waren stark unterernährt . Der Fettmangel war das größte Problem. Es gab so gut wie keine Speisefette, weder Butter, Margarine oder Öl. Die Menschen hatten durch den Fettmangel große, Geschwüren ähnliche, Entzündungen. Die Ärzte nannten sie Hungerödeme. Die hinterließen Narben, die man nie mehr verlor. Mein Großvater hatte ein solches, stark eiterndes, Ödem in seinem Nacken, mit dem er sich Monate lang herumquälte. Der ihn behandelnde

Arzt hatte ihm gesagt: „Mit den richtigen Mitteln wären sie diesen Ärger in einigen Tagen los. Leider sind diese Mittel keine Medikamente, die ich ihnen verschreiben könnte, sondern einfach nur mit gutem Fett angerichtete Speisen. Als Opa diese Erkrankung endlich überwunden hatte, behielt er eine tiefe und ausgezackte Narbe, die größer als ein Fünfmarkstück war und ihn sein ganzes Leben begleitete.

Luftkampf über Porz

Der Unterricht bei „Fräulein Zündorf" war für diesen Tag beendet. Wir packten unsere Schulsachen zusammen und zogen uns unsere Mäntel und Jacken an. Wie üblich, achtete unsere Lehrerin bei jedem von ihren Schülern darauf, dass er sich richtig anzog. Sie richtete fehlgeknöpfte Jacken, band Schals um dünne Kinderhälse, setzte Mützen auf und zog sie über unsere Ohren, damit wir draußen in der Frühjahrskälte nicht zu Schaden kamen. Für jeden hatte sie noch ein liebes Wort, dann verließen wir ihr Haus. Die meisten von uns rannten gleich heimwärts. Sie folgten damit den Befehlen ihrer Eltern, die vermeiden wollten, dass ihre Sprösslinge bei einem Fliegeralarm ungeschützt auf der Straße umherliefen. Mit den Geschwistern Christel und Willi Funk, die mir direkt gegenüber wohnten, und mit denen ich mich ein wenig angefreundet hatte, war ich jedoch noch am Rheinufer zurückgeblieben. Es war ein strahlend blauer Tag, kein Wölkchen stand am Himmel, und man hatte eine tolle Fernsicht. Wir drei fanden, das dieser Tag zu schön wäre, um zu Hause herumzusitzen. Darum fassten wir den Entschluss, noch ein wenig am Rhein zu spielen. Wir waren den steilen Pfad am Hang entlang heruntergegangen und standen nun am Flussufer. Wir suchten uns flache, glatte Steine, die wir dann so über das Wasser schleuderten, dass sie immer wieder hoch sprangen. Dabei zählten wir, wie oft der Stein aufhüpfte, ehe er dann im Rhein versank. Es war für uns immer ein kleiner Wettbewerb, bei dem derjenige Sieger war, dessen Stein die meisten Sprünge machte.
Plötzlich machte Willi nicht mehr mit. Er hatte sich aufgerichtet und lauschte mit zurückgelegten Kopf zum Himmel

hinauf. Unsere Fragen wies er mit einigen, bestimmenden Handbewegungen zurück: „Nun seid doch mal still. Hört ihr das denn nicht?"

Wir stellten uns neben ihn, hoben unsere Köpfe und lauschten ebenfalls nach oben. Nach einiger Zeit hörten wir es auch, ein erst noch leises Brummen, dass aber immer lauter wurde. Willi deutete über den Fluss: „Das Brummen kommt von dort und hört sich verdammt nach Flugzeugmotoren an. Wir folgten seinem Hinweis und wendeten uns dem anderen Flussufer zu. Unsere Blicke konnten weit über den Rhein hinwegschweifen, die Luft war so klar, das man die zwölf Apostel, die hohen Fabrikschlote von Knappsack, klar erkennen konnte. Willi, ein kluger Bursche, der uns immer ein wenig voraus war, sagte: „Hab ich doch mal wieder Recht gehabt, da sind sie ja schon. Das ist ja ein ganzes Geschwader, es sind Amis, aber es sind keine fliegenden Festungen." Nikkend gaben wir im Recht, wir hatten schon so viele feindliche Flugverbände über uns hinwegfliegen sehen, dass wir alle kleine Experten in diesen Dingen waren.

Während wir gespannt auf die direkt auf uns zu fliegenden Maschinen sahen, führte Willi seinen Kommentar fort: „Aber aus dieser Richtung kommen sie doch nie. Sonst fliegen sie immer den Rhein entlang, und der alte Herr Schopen hat mir gesagt, wenn sie dann nicht ihre Bomben in Köln abschmeißen würden, flögen sie weiter ins Ruhrgebiet, um dort die Fabriken und Bergwerke kaputt zu schmeißen."

Willi hatte mal wieder Recht, dieser Bomberverband der Amerikaner würde nicht über uns hinwegfliegen, sondern wir waren in äußerster Gefahr, denn ihr Ziel war hier in Porz. Die Flugzeugführer hatten den Befehl die Landebahnen des Militärflughafens in Wahn zu zerstören. Von dort stiegen die letzten Jagdbomber auf, welche die Deutsche Luftwaffe noch besaß. Sie wurden von kampferprobten Piloten gesteuert, die den Amerikanern in den Ardennen und später im Hürtgenwald große Verluste zufügten.

Der Zufall fügte es nun, dass sich für die angreifenden Amerikaner ein äußerst negativer Umstand einstellte.

In Wahn war man gerade bei den Vorbereitungen für einen Feindflug. Man hatte schon alle flugfähigen Jagdflugzeuge aufgetankt, und sie standen, zum Abflug bereit, in den Warteboxen am Ende der Startbahn aufgereiht. Die Piloten saßen in einem Bunker, direkt bei der Startbahn, um von der Flugleitung ihre Angriffsziele zu erfahren. Da kam ein Anruf von einer Luftbeobachtungsstation. Der dort Wachhabende machte die Meldung vom Anflug des feindlichen Geschwaders. Der Überraschungsmoment, mit dem die Amerikaner gerechnet hatten, war dahin. Der deutsche Kommandeur entwickelte sofort einen Angriffsplan. Er bestand darin, die in einer geschlossenen Formation anfliegenden Feindflugzeuge zu umzingeln und von allen Seiten gleichzeitig anzugreifen. Dann gab er den Befehl zum Start. Die Piloten stürzten aus dem Bunker und sprinteten zu ihren Maschinen. In kürzester Zeit waren sie in der Luft und flogen in einem weiten Halbkreis gestaffelt auf den Feind zu.

Wären die Amerikaner nur eine Stunde früher gekommen, so wären die meisten deutschen Maschinen noch nicht abflugbereit gewesen, und sie hätten sie ohne große Probleme am Boden zerstören können. Das Schicksal aber hatte es anders gefügt und so flogen sie nun ihrem eigenen Verderben und der Vernichtung ihrer Maschinen entgegen.

Wir drei Kinder standen noch an der alten Stelle und sahen staunend auf den anfliegenden Flugverband. Der Bomberverband war mittlerweile so nahe gekommen, dass die ersten Maschinen sich über dem gegenüberliegenden Rheinufer befanden. Sie waren schon im Zielanflug und flogen so tief, dass man die Sterne an ihren Leitwerken erkennen konnte.

Da brach für sie, aber auch für uns hier unten, die Hölle los. Wild aus ihren Bordwaffen feuernd stürzten sich von allen Seiten die deutschen Jäger auf ihre Gegner. Die wurden von diesem Angriff völlig überrumpelt. Sie hatten sich schon so siegessicher gefühlt, mit ihrer Entdeckung unmittelbar vor dem Ziel hatten sie nicht mehr gerechnet.

Es dauerte nur Sekunden, da stürzten die ersten Feindflugzeuge ab, brennend und in dunkle Rauchwolken gehüllt. Einige explodierten, und die Trümmer trudelten durch die Luft. Dann sahen wir überall Fallschirme, an denen Menschen hingen. Längst hatten wir die Gefahr erkannt in der wir uns befanden, und waren vom Ufer weg in die Gebüsche am Hang gerannt.

Wir hatten zwar riesige Angst, aber die Situation war so spannend, dass wir atemlos und wie gebannt weiter dem grausamen Geschehen dort oben zusahen.

Die Amerikaner flogen nach allen Seiten auseinander, um den Angreifern zu entkommen, aber jedem der amerikanischen Maschinen folgte mindestens ein aus allen Rohren schießender deutscher Jäger. Um schneller zu werden, warfen die Amerikaner nun ihre Bomben ab. Es sah erst aus, als ob Bierflaschen durch die Luft fliegen würden, aber die wurden rasch größer und entpuppten sich als hässliche, schwarzbraune Bomben. Zum Glück befanden sich die Flugzeuge noch über dem Strom und den weiten Feldern auf der anderen Flussseite. So fielen die meisten Bomben in den Rhein oder in die Felder. Nur einige schlugen in Porz ein, ohne größeren Schaden anzurichten. Die in den Fluten des Rheins explodierten Bomben hatten viele Fische getötet, die nun, den Bauch nach oben, an der Wasseroberfläche schwammen. Von Porz bis Ensen waren überall tote Fische angetrieben worden. Direkt nach dem der Luftangriff beendet war, wurde dies bekannt. Sofort rannten Groß und Klein zum Rheinufer, um einige dieser Fische zu ergattern, die eine unerwartete Bereicherung der kargen Lebensmittel für diese Menschen darstellten.

Doch noch war der Luftkampf im vollsten Gange. Zum Glück für die mit dem Fallschirm abgesprungen Soldaten ging in den oberen Luftschichten ein recht starker Wind, der die Fallschirme über den Rhein hinweg auf das Festland trieb. Das Kampfgeschehen hatte sich verlagert, die letzten noch in der Luft befindlichen amerikanischen Flugzeuge befanden sich nun über Porz und schon so weit entfernt, dass wir sie nicht mehr sehen konnten. Die ganze Zeit waren wir von ungeheurem Lärm umgeben. Das pausenlose Schießen der Maschinengewehre, das Bersten der Bomben und die explodierenden Flugzeuge brachten fast unsere Trommelfelle zum platzen. Willi nahm auch jetzt das Heft wieder in die Hand, er hatte als Erster erkannt, dass sich nun eine Möglichkeit ergab, heim in die Keller zu unseren Müttern zu kommen. Er überschrie den Gefechtslärm: „Los, hauen wir ab nach Hause, über uns ist im Moment kein Flugzeug mehr, das müssen wir ausnutzen."

Wir sprangen auf und rannten, so schnell wir nur konnten, zu unseren Wohnhäusern. Als wir dort ankamen, waren die Luftkämpfe so gut wie vorbei. Für die amerikanischen Flieger gab es an diesem Tage keine Rettung. Alle ihre Bombenflugzeuge wurden von den deutschen Jagdfliegern abgeschossen, die selbst keine Maschine verloren.

*

Vielleicht hast du mein Klärchen umgebracht.

Nachdem der Luftkampf beendet und die Gefahr vorüber war, verließen wir schnell den modrigen und muffigen „Luftschutzraum" unter dem „Maiers Hüsje". Dabei handelte es sich um ein winziges Kellergelass, nur zugänglich, wenn man im Hausflur eine, in den Boden eingelassene, Falltür anhob. Darunter war eine gemauerte Treppe, deren schmale Stufen feucht und glitschig waren. Wenn dann die Falltür, zum Schutz vor dem Luftdruck der explodierenden Bomben, geschlossen wurde, hatte die Enge des Raumes für mich etwas erdrückendes, ich hatte immer Platzangst da unten.

Auf den Straßen zeigte sich bald nach dem Angriff ein reges Treiben. Die Leute waren aus ihren Kellern hervorgekommen und diskutierten lauthals und aufgeregt über die vergangenen Ereignisse. Selbst für die, von vielen Bombenangriffen gequälten und abgestumpften Menschen, war dieser Luftkampf außergewöhnlich. So etwas hatten die Porzer noch nicht erlebt. Überall lagen Wrackteile der abgeschossenen Maschinen. Die Dächer vieler Häuser waren beschädigt worden. Traurig schauten die Menschen auf die mehr oder minder großen Löcher, die von dort aufgeschlagenen Flugzeugteilen geschaffen worden waren.

Der alte Herr Schopen der, wie nach jedem Bombenangriff in seiner Roten-Kreuz-Uniform und seinem Erste-Hilfe-Koffer auf der Straße erschienen war, tröstete die verschreckten Menschen: „Leute seit doch froh, dass nicht mehr zerstört ist als die paar zerbrochenen Dachlatten und Dachziegel, das lässt sich reparieren. Aber hätten die Amis ihre Bomben nur

34

einige Minuten später abgeworfen, dann wären sie nicht in den Rhein oder auf das Weißer Ufer gefallen, sondern mitten in unseren Ort. Ihr könnt euch ja ausrechnen, wie es dann hier aussehen würde." An mehreren Stellen zeigte der Krieg nun sein schmutzigstes Gesicht. Nicht alle amerikanischen Soldaten hatten ihre abgeschossenen Flugzeuge rechtzeitig verlassen können. Sie hatten keine Chance mehr gehabt und waren in ihren explodierenden Maschinen zu Tode gekommen. So fand man, in und bei den Wrackteilen, das was von den armen Teufeln übriggeblieben war. Aber auch unter denen, welchen der Absprung aus ihren Maschinen gelang, gab es noch Tote. Ihre Fallschirme hatten sich nicht geöffnet, sie waren viel zu spät aus ihren abstürzenden Flugzeugen herausgekommen. Auf dem Betondach der Lebensmittel-Großhandlung Himmelreich (dort steht heute das Kaufhaus Karstadt) lag der zerschmetterte Körper eines Piloten, und ein paar hundert Meter entfernt war ein weiterer Amerikaner mit nicht geöffnetem Fallschirm in einen der Schrebergärten neben dem Betriebsbahnhof der Linie P (der heutigen Linie 7) gestürzt. Sein Körper hatte sich tief in das Erdreich eingedrückt. Noch Tage später war diese furchtbare Mulde zu sehen. Aber den meisten, die es geschafft hatten aus ihren abstürzenden Maschinen heraus zuspringen, war das Schicksal gnädig gestimmt und sie waren lebend am Boden angekommen. Während die Anwohner diskutierend zusammenstanden oder zu den größten Wrackteilen spazierten um ihre Neugier zu stillen, kamen aus den Kasernen in Westhoven Mannschafts- und Kübelwagen der deutschen Wehrmacht, vollgepackt mit Soldaten. Die sprangen von den Fahrzeugen und sammelten sich an der Katholischen Kirche. Dort wurden sie in Gruppen aufgeteilt und erhielten den Befehl auszuschwärmen und die abgesprungenen, amerikanischen Flieger gefangen zu nehmen. Es dauerte nicht lange, da kamen die ersten Trupps zurück und führten Gefangene mit sich. Die hatten ihre Arme erhobenen oder im Nacken verschränkt. Ihre Gesichter waren grau, und die überstandene Todesangst hatte tiefe Furchen hinein gegraben. Die meisten wirkten niedergeschlagen und hielten ihre Köpfe gesenkt. Wenn sie aufblickten, sah man, wie sie ängstlich und vorsichtig die Reaktionen der deutschen Zivilisten beobachteten. Einige von ihnen waren verletzt und bluteten aus verschiedenen Wunden. Einer hielt mit schmerzverzerrten Gesicht seinen Arm, den er sich wohl beim Aufprall auf den Boden gebrochen hatte. Ein anderer war aus einer brennenden Maschine abgesprungen, seine Hände und sein Gesicht war voller Brandblasen. Die deutschen Soldaten behandelten ihre Gefangenen korrekt, und die Verwundeten wurden sofort von Sanitätern betreut und verbunden. Wenn ein Gefangener am Kirchplatz abgeliefert wurde, musste er auf einen, von zwei Soldaten bewachten, LKW steigen. Sofort nach der Ablieferung der eingefangenen Flugzeugbesatzungen machte sich der, von einem Unteroffizier angeführte, Suchtrupp, erneut auf die Jagd nach weiteren Amerikanern. Auf den Holzbänken des LKW hockten nun schon mehr als zehn Gefangene. Ihnen allen war das Geschehen der letzten Stunde anzusehen, und viele standen unter Schock. Die beiden Soldaten welche die Gefangenen bewachen mussten, waren noch sehr jung, sie waren bestimmt nicht älter als 17 bis 18 Jahre. Ihre Kindergesichter wirkten unter den Stahlhelmen, die ihnen viel zu groß waren, geradezu grotesk. Ihre langen Karabiner hielten sie wie Fremdkörper in ihren Händen, man sah ihnen an, dass sie sich nicht wohl in ihrer Haut fühlten.

Aus dem „Hackenbroichs Gässchen" kam ein Mann in Begleitung von zwei Amerikanern. Er ging mit den beiden zu den deutschen Soldaten. Die Hände hatte er lässig in den

Hosentaschen und in seinem Mundwinkel brannte eine amerikanische Zigarette. Er blieb vor einem Feldwebel stehen. Der hatte auch gerade einem Gefangenen gebracht und wollte mit seinem Trupp wieder auf die Suche gehen. Ohne die Hände aus den Taschen zu nehmen, sagte der Zivilist, wobei die Zigarette in seinem Mund auf und ab wippte: „Hier die beiden Flieger möchten sich ergeben. Sie hatten sich am Rheinufer unter meinem Kahn, der dort auf dem Lande liegt, versteckt. Als ich sie fand, baten sie mich, sie zu den deutschen Soldaten zu bringen. Ich kann kein Englisch, und sie sprechen kein Deutsch, aber ich verstand sie trotzdem. Denn sie sagten immer wieder: „German Militär not Gestapo, Militär not SA." Mit bitterem Ton in der Stimme fügte er noch hinzu: „Die Angst, welche die beiden vor diesen Herren haben, verstehe ich am allerbesten." Dann gab er jedem seiner Gefangenen die Hand und klopfte ihnen ermunternd auf die Schulter. „Danke für die Zigarette", sagte er noch. Dann steckte er seine Hände wieder in die Hosentasche, drehte sich um und ging den Weg zurück, den er gekommen war. Der Mann war Lamberts Pitter, er war knapp 60 Jahre alt, und ein Porzer Original, das jeder kannte. Ehe die Nazis an die Macht kamen, war er ein überzeugter Kommunist, der für seine Partei sehr aktiv war. Sofort nach der Machtübernahme hatte man ihn verhaftet und ihn mit vielen anderen Gegnern der Nazis in einem Lager am Hochkreuz an der Frankfurter Straße eingesperrt. Dort war er schwer misshandelt worden. Als man ihn wieder frei ließ, hatte man ihm unter anderem alle Zähne ausgeschlagen. Er hatte einen Kahn unten am Rheinufer liegen. Damit fuhr er mit seinen alten Gesinnungsgenossen hinaus zum Angeln. Wenn sie draußen auf dem Strom waren, konnten sie laut und ungehindert ihre Meinung über das ihnen so verhasste Regime der Nazis kund tun. Hier konnte sie keiner abhören und bei der Gestapo melden. Er war zum Einzelgänger geworden. Außer zu seinen Angelfreunden, seinen alten Genossen, die auch alle von den Nazis verfolgt worden waren, hatte er keine Kontakte mehr. Darum hatte er auch jetzt sofort den belebten Kirchplatz verlassen und war zurück zu seinem Lieblingsplatz am Rheinufer gegangen.

Immer mehr Menschen sammelten sich um den LKW und starrten stumm auf die Amerikaner.

So sahen sie also aus, die verhassten Mannschaften aus den Bombenflugzeugen, die Tag für Tag und Nacht für Nacht den Tod brachten. Hunderte Male schon hatte ein jeder der umstehenden Zivilisten diese Amis verflucht, wenn sie von Todesangst gepackt, in den Luftschutzkellern deren gnadenlosen Bombardement ausgesetzt waren.

Die meisten der Neugierigen verhielten sich ruhig. Viele hatten sogar Mitleid mit diesen geschundenen und vom Kriegsglück verlassenen Soldaten. Aber auch harte Töne wurden hier und da laut. Anschuldigungen wurden geschrien, Vergeltungs- und Rachewünsche geäußert. Erst waren solche Bemerkungen noch vereinzelt und nicht so gefährlich in ihrem Inhalt. Doch das änderte sich dann nachhaltig. Schuld an diesem Stimmungsumschwung, war eine junge, sehr verhärmt wirkende Frau. Sie drängte durch die Menge, bis sie unmittelbar vor dem Wagen mit den Gefangenen stand. Keiner der Umstehenden kannte sie, sie musste eine der Bombengeschädigten sein, von denen jetzt immer mehr von Köln nach Porz kamen. Sie deutete mit ausgestrecktem Arm auf den vordersten Amerikaner und schrie ihn mit schriller, sich fast überschlagender Stimme an: „Du verdammter Mörder, vielleicht hast Du mein Klärchen umgebracht." Dann griff sie in ihre Manteltasche und zog ein Foto heraus, welches sie dem erschrocken zurückweichenden Mann entgegenhielt. Auf dem Foto lagen, auf langen Tischen eng nebeneinander

aufgebahrt, viele tote Kinder, alle noch sehr klein, alle noch im Vorschulalter.*
Die Frau schrie weiter: „Ja sieh es dir nur genau an. Es sind kleine Kinder, die in einem Kindergarten waren." Dann drehte sie sich zu den Umstehenden zurück und hielt ihnen das Foto vor die Gesichter, dabei schrie sie die Leute mit dem gleichen, von Hass erfüllten Tonfall an: „Schaut, wie sie da liegen, diese unschuldigen Kinder." Dann wies sie auf eines der Bombenopfer: „Die da, das Mädchen mit den schwarzen Löckchen, das ist mein Klärchen. Fünf Jahre ist sie nur alt geworden. Als mein Mann auf Kreta gefallen ist, war sie das Letzte, was ich hatte. Jetzt habe ich gar keinen mehr." Sie drehte sich zurück zu den Amerikanern: „Ihr habt auf den Kindergarten eine Bombe geschmissen und das Haus zerstört. Die Kinder saßen im Luftschutzraum, der war stabil und wurde kaum beschädigt. Die Kinder waren unverletzt und hätten alle überlebt. Aber ihr Amerikaner musstet ja eine neue Bombe bauen, eine, die auch die Menschen tötet, die in ihren Schutzräumen nicht getroffen werden. Als man die Kinder gefunden hatte, sah es so aus, als ob sie alle schliefen. Aber ihre kleinen Lungen waren zerplatzt und sie waren alle tot, tot, tot." **
Der spektakuläre Auftritt der in einen hysterischen Weinkrampf gefallenen Frau ließ die ohnehin schon angespannte Stimmung der Zivilisten völlig umkippen. Die Leute wurden immer aggressiver und immer mehr schwenkten ab in das Lager der Gewaltbereiten. Die Hetzkampagne und die Drohungen wurden massiver. Schon kamen Worte wie : „Man

---

* Bei dem Großangriff auf Köln, am 29. Juni 1943, erhielt der Kindergarten in der Peterstraße einen Volltreffer von einer Luftmine. Über 50 Kinder und ihre Betreuerinnen fanden dabei den Tod. Die Druckwelle hatte ihre Lungen zerrissen. Das angesprochene Foto ist im historischen Archiv der Stadt Köln. Es hier im Buch abzubilden wollten wir den Lesern nicht zumuten.

sollte sie totschlagen oder am nächsten Laternenpfahl aufhängen." Fäuste wurden geschüttelt, und die Menge drängte näher an den LKW mit den Gefangenen heran.

Eine einzige Frauenstimme war aus dem Hintergrund zu hören: „Nein, nein ihr dürft diesen Männern nichts antun. Sie haben sich ergeben. Es sind nun Kriegsgefangene und sie werden von der Genfer Konvention geschützt." Aber diese eine Mahnerin wurde von der Masse einfach niedergeschrieen.

Die amerikanischen Soldaten hatten die furchtbare Gefahr erkannt, die ihnen von den tobenden deutschen Zivilisten drohte. Sie wichen so weit sie konnten zurück und drängten sich verzweifelt, eine dichte Menschentraube bildend, am anderen Ende der Ladefläche zusammen.

Die beiden Wachposten waren völlig überfordert. Als einer von ihnen mit kieksender Stimmbruchstimme schrie: „Halt zurück oder wir schießen", Wurde er von der aufgebrachten Menge nur ausgelacht. Man entriss den beiden Kindersoldaten die Gewehre und schob sie einfach zur Seite.

** Die Luftmine war eine besonders schwere Bombe, die bei ihrer Detonation eine ungeheure Druck- und Schallwelle auslöste. Dadurch wurden den Menschen, die sich im Bereich dieser Explosion aufhielten, die Lungen und die Trommelfelle zerrissen. Diese Waffe war von den Alliierten extra entwickelt worden, als es sich herausstellte, dass trotz der großen Zerstörungen, welche die abgeworfenen Sprengbomben anrichteten, zu viele Deutsche in ihren Luftschutzkellern überlebten. Ein Beispiel ist einer der größten Terrorangriffe auf Köln, der am 28. Oktober 1944 stattfand. Er richtete verheerende Schäden in den Stadtvierteln Mülheim und Kalk an, und er ging als „Schwarzer Samstag" in die Stadtgeschichte ein. Der englische Luftmarschall Sir Arthur Harris hatte über 1000 Bomber der Royal Air Force mit einem ganz klaren Befehl nach Köln geschickt: ihre Besatzungen sollten die Industrie dieser Stadtteile vernichten und in den angrenzenden Wohnvierteln, wo die Arbeiter dieser Fabriken mit ihren Familien lebten, bis zu 20.000! Menschen töten. Von Harris stammt auch der historisch belegte Ausspruch: „Ehe wir diesen Krieg gewinnen können, müssen wir zuvor einen ganzen Haufen deutscher Zivilisten töten."
Ein Teil dieses Auftrages wurde erreicht, die Zerstörungen waren fürchterlich. Der zweite Auftrag von Harris konnten die Flieger zum Glück nicht ganz erfüllen. An diesem „Schwarzen Samstag" verloren „nur" etwa 1000 Menschen ihr Leben.

Zwei besonders von Hass geifernde Männer im Rentenalter hatten schon die hintere Ladeklappe geöffnet und schickten sich an auf den Wagen zu steigen. Alleine trauten sie sich aber nicht zu den Gefangenen hinaufzuklettern. Einer wandte sich zurück und schrie: „Los kommt, holen wir sie uns. Wir hängen sie auf, Laternen haben wir genug."

Es konnte sich nur noch um Sekunden handeln, bis die aufgeputschte Menge den Laster stürmte.

Plötzlich kletterte eine Frau auf den Wagen mit den Gefangenen. Wortlos stand sie zwischen den US-Soldaten und der herandrängenden Menge. Sie hatte den Augenblick genutzt, als alle auf den Mann sahen, der die Ladeklappe geöffnet hatte und dann zum Sturm auf den Wagen aufrief. Niemand hatte bemerkt, wie sie hinauf geklettert war. Doch nun stand sie dort oben, und die Leute wichen überrascht ein wenig zurück und sahen staunend zu der Frau hinauf. Die versuchte gar nicht, den Lärm der vor ihr Stehenden mit Worten zu durchbrechen, sondern stand stumm mit weit auseinander gespreizten Armen über den Leuten und schaute sie aus ihren großen, dunklen Augen an.

Der Lärm und das Geschrei ebbten hörbar ab, die Leute wollten wohl erst einmal abwarten, was die Frau, welche die meisten von ihnen kannten, vorhatte. Die gutaussehende und trotz der schlechten Zeit mit einer dezenten Eleganz gekleidete Frau war Martha Funk, die Mutter meiner Spielkameraden Christel und Willi. Die Funks waren geachtete Geschäftsleute in Porz, und so reichte schon ihre stumme Anwesenheit auf dem Wagen, um selbst die aufgebrachtesten Menschen, die da vor ihr standen, ein wenig zur Ruhe zu bringen. Als es endlich stiller wurde, senkte sie ihre Arme und drehte sich zu den Gefangenen um. Sie sprach gut englisch und erklärte den Männern kurz, dass sie ihnen helfen wollte. Dann wandte sie sich zu den Zivilisten und sprach sie an: „Mein Gott Leute –

seid ihr denn von Sinnen? Wir Porzer sind doch keine Mörderbande, die Menschen lynchen. Wisst ihr denn überhaupt, was ihr da tun wollt? Diese Morde würden Euch ein Leben lang verfolgen. Bis zu eurem Tode würde der furchtbare Fluch an euch haften, dass ihr diese Kriegsgefangenen umgebracht habt. Ich glaube fest daran, dass ihr sofort diese Untat bedauert, wenn ihr aus dem Rausch erwacht, in den ihr euch hinein gesteigert habt. Ihr seid doch meine Nachbarn, und wir kennen uns seit vielen Jahren. Wie wollt ihr mir und den anderen, die hier nicht mitgemacht haben, je wieder in die Augen sehen? Lasst euch doch nicht von eurem Hass, auch wenn er berechtigt ist, zu gemeinen Mördern machen."

Die Menschen hörten ihr betroffen zu, die meisten merkten erst jetzt, in was sie sich da fast eingelassen hätten, und vielen stieg die Schamröte ins Gesicht.

Aber noch immer brüllten einige dazwischen, dass die Amis es nicht besser verdient hätten.

Nun kam eine zweite Frau auf den LKW zu und kletterte zu Frau Funk hinauf. Es war meine Mutter, die vorher vergeblich mit ihren Zwischenrufen versucht hatte, die Menge zu stoppen. Sie ergriff die Hände von Frau Funk und drückte sie bewegt: „Danke, dass sie das geschafft haben. Mein Gott, was sind sie eine tapfere Frau, ich war zu feige, um so etwas zu tun."

Frau Funk erwiderte den Händedruck: „Nein, sie sind nicht feige, ihre mutigen Zwischenrufe von vorhin haben mir erst die Kraft gegeben, hier hinauf zu klettern."

Meine Mutter drehte sich nun nach der Menge um: „Jetzt gebt doch Ruhe und lasst die Frau Funk aussprechen."

Die war froh über die ihr zuteil werdende Hilfe und nickte meiner Mutter dankbar zu, ehe sie fortfuhr: „Da gibt es nicht mehr viel zu sagen, für jeden muss es einfach klar sein, dass wir diesen Fliegern nichts antun dürfen. Diese Männer haben nur ihre Pflicht getan, genau wie unsere Soldaten. Auch wir haben Bombenflugzeuge nach England geschickt. Alle eure Männer und Söhne sind Soldaten und stehen irgendwo an der Front. Ihr wollt doch ganz bestimmt nicht, dass man sie brutal ermordet, wenn sie einmal in Kriegsgefangenschaft geraten."

Dann trat sie zurück, drehte sich um und ging zu den Amerikanern die sich in ihrer Todesangst dicht zusammengedrängt hatten. Sie muss diesen Männern wie ein Schutzengel vorgekommen sein, als sie zu ihnen sagte: „Ich glaube, die Gefahr ist vorbei. Sie müssen Verständnis für diese Vorkommnisse haben, die Menschen haben sehr viel Schreckliches durch eure Bomben erlebt. Da sind ihnen die Nerven durchgegangen."

Meine Mutter hatte direkt nach Frau Funk noch einmal ihre Stimme erhoben. Sie bewies jetzt, dass sie wirklich kein Feigling war, denn sie sagte Dinge, die sie sofort in ein Konzentrationslager bringen konnten. Sie sprach die letzten, immer noch hetzenden Fanatiker an und sagte: „Etwas sehr Wichtiges habt ihr noch gar nicht bedacht, der Krieg dauert nicht mehr lange. Die Amerikaner sind schon in der Eifel, irgendwann sind sie auch hier und werden ihre Kameraden rächen. Dann werdet ihr es sein, die dann an den Laternen hängen, wo ihr jetzt diese Flieger aufhängen wollt."

Diese Worte brachten nun auch den letzten Krakeeler zur Ruhe. Aus der vor Hass geifernden Masse waren wieder normale Bürger geworden.

Ehe meine Mutter wieder von dem Wagen kletterte, rief sie: „Gebt endlich den beiden Soldaten ihre Gewehre wieder, sonst stellt man die Jungen womöglich noch vor ein Kriegsgericht."

Nach und nach kamen die Suchtrupps zurück und brachten die letzten Amerikaner, die verängstigt irgendwo auf ihre

Gefangennahme gewartet hatten. Als man sie zu ihren Kameraden auf den LKW steigen ließ, begann die eben noch mordlüsterne Menge sich zu zerstreuen.

Bewegt bedankten sich die Amerikaner bei den beiden mutigen Frauen, denen sie ihre Unversehrtheit verdankten. Wer weis wie weit die aufgeputschte Menge noch gegangen wäre, vielleicht hatten die Frauen den amerikanischen Soldaten sogar das Leben gerettet.

Ganz gewiss aber hatten sie ihren Heimatort davor bewahrt, Schauplatz eines Kriegsverbrechens zu werden, das für ewig in seinen Annalen gestanden hätte.

Frau Funk ging zurück zu ihrem Haus und ihren Kindern. Was sie zu diesem Zeitpunkt noch nicht ahnen konnte, war, dass sie einige Wochen später noch einmal eine wichtige Rolle in der Geschichte ihres Heimatortes spielen würde.

Als dann feststand, dass auch der letzte der abgeschossenen amerikanischen Flieger gefunden war, setzte sich das deutsche Militär in Marsch und brachte die Gefangenen in ein vom Roten Kreuz anerkanntes Gefangenenlager. Dort wurden sie am Ende des Krieges von ihrer siegreichen Armee befreit.

Am 06. März 1945, um 8:30 Uhr, erreichen die US-Kampftruppen, von Pulheim kommend, die Stadtgrenzen von Köln und stoßen über die Venloer (Bild 1) und Aachener Straße (Bild 2) vor. Ihr Ziel ist der Kölner Dom und das Rheinufer.

Der Einmarsch der Amerikaner in Köln

Nur wenige Wochen nach diesen dramatischen Vorfällen besetzten die Amerikaner Köln.

Die deutschen Truppen, auf ihrem Rückzug vom Hürtgenwald kommend, setzten sich auf die rechte Rheinseite ab. Dabei benutzten sie die Deutzer Brücke. Diese war mit der neben ihr liegenden Hohenzollernbrücke die letzten noch intakten Rheinübergänge von Wesel bis Mainz. Die Brücke war von vielen Bomben getroffen und stark beschädigt. Sie hätte unbedingt für den Verkehr gesperrt werden müssen, aber sie bot die letzte Möglichkeit zu einer Rheinüberquerung, und so wurden alle Warnungen ignoriert. Als die letzten deutschen Einheiten einschließlich ihrer schweren Panzer die Brücke passiert hatten, stürzte sie, ohne jedes warnende Vorzeichen, einen Tag später plötzlich in sich zusammen. Das kostete Hunderten von Menschen das Leben. Denn zu diesem Zeitpunkt war sie dicht gefüllt mit Flüchtlingen, die sich vor der anrückenden Front in Sicherheit bringen wollten. Als dann kurz vor der Besetzung Kölns die Hohenzollernbrücke von deutschen Pioniereinheiten gesprengt wurde, gab es keine Verbindung mehr über den Strom.

*

Die angreifenden Truppen der Amerikaner fanden zwischen Aachen und Köln kaum noch Widerstand. Sie kamen nun schnell voran und erreichten bald die Kölner Stadtgrenzen. Die vom Volkssturm gebauten Panzersperren konnten sie nicht aufhalten. Die US-Pioniere hatten sie schnell beseitigt. Auf der Aachener Straße in Köln-Junkersdorf hatte man Stra-

06. März 1945, 13:00 Uhr.
Die Spitzen der amerikanischen Einheiten kämpfen sich in das Stadtzentrum vor.

ßenbahnwagen quer über die Fahrbahnen als Sperren aufgebaut. Die schweren Panzer der Amerikaner schoben sie zur Seite, als wären es Spielzeuge. Die Panzer schafften es, den Weg für die nachrückenden Truppen in wenigen Minuten frei zu machen. Ohne angegriffen zu werden, konnten sie bis in die Innenstadt vorrücken. Am Dom stießen sie noch einmal auf heftigen Widerstand einer kleinen deutschen Einheit, die sich dort in den Trümmern verschanzt hatte. Die Amerikaner verloren Soldaten und einige Panzer. Eine Kölner Bürgerin wollte diesem sinnlosen Töten ein Ende machen und fuhr mit ihrem PKW, eine weiße Fahne schwenkend, zwischen die Fronten. Sie fand bei diesem Wahnsinnsunterfangen den Tod, als ihr Wagen nach wenigen Metern Fahrt von einer amerikanischen Panzergranate getroffen wurde.

Dann war auch dieses letzte Aufbäumen gebrochen, die vom Kampf zermürbten und demoralisierten Reste der Deutschen Wehrmacht in Köln ergaben sich dem Feind. Die amerikanischen Truppen erreichten das Rheinufer. Sie beendeten ihren Vormarsch und setzten sich in der Stadt fest. Für diese Soldaten war der Krieg vorbei. Sie waren in keine Kampfhandlungen mehr verwickelt bis ihre Kameraden sechs Wochen später in Köln-Deutz einmarschierten und sich mit ihnen vereinigten. Dann dauerte es nur noch ein paar Tage bis zur endgültigen Kapitulation der Deutschen. Das hatte die amerikanische Heeresleitung gut überlegt. Sie wussten, dass alle Brücken, die über den Rhein führten, zerstört waren. Bei dem Versuch, eine Pontonbrücke zu bauen, hätten sie wieder große Verluste an Menschen und Material gehabt. Vor einigen Wochen hatte in Remagen noch eine Brücke gestanden. Die deutsche Wehrmacht hatte vergeblich versucht sie zu sprengen, bevor die US-Truppen den Rhein erreichten. Trotzdem die Brücke von den missglückten Sprengversuchen stark beschädigt war, wurde sie die Amerikanern sofort benutzt. Bevor die Brücke

Immer mehr Angehörige der deutschen Wehrmacht ergeben sich, zermürbt und abgekämpft, der Übermacht von 40.000 amerikanischen Soldaten.

nach einigen Tagen einstürzte, war es ihnen gelungen, fast alle ihre dort befindlichen Truppen und Fahrzeuge auf das andere Ufer zu bringen. Die Amerikaner in Köln brauchten also nur zu warten, bis ihre Kameraden, vom Oberrhein aus, das rechte Rheinufer besetzten.

*

So kam es, dass sechs Wochen lang das linke Rheinufer in amerikanischer und das rechte, die „Schälsick" in deutscher Hand war. Die durch den Rhein getrennten Gegner führten kaum noch Kampfhandlungen durch. Nur die amerikanische Artillerie beschoss sporadisch das rechte Rheinufer. Für die Zivilbevölkerung auf der rechten Rheinseite war es eine Zeit der Gegensätze. Es ging ihnen besser, weil es keine Luftangriffe mehr gab. Der Artilleriebeschuss hielt sich in Grenzen und stellte bei weitem keine so große Bedrohung wie der Bombenhagel dar. Dafür war jetzt die Versorgung mit Lebensmitteln gänzlich zusammengebrochen. Die wenigen Geschäfte, die noch nicht zerstört waren, bekamen keine Waren mehr. Wer keine Vorräte mehr hatte, und das war bei den meisten der Fall, musste bitteren Hunger erleiden. Bei den Stadtteilen und Dörfern, die direkt am Rhein lagen, wie Porz, Poll, Deutz und Mülheim, konnte man sich im Ortsinneren relativ sicher bewegen. Aber das Rheinufer war tabu. Selbst bei Tageslicht konnte man es nicht wagen, sich dort aufzuhalten. Die meisten Menschen, die in den Häusern am Rheinufer wohnten, waren geflüchtet. Die wenigen, die geblieben waren, konnten die Häuser nur noch durch die vom Rhein abgewandte Seite betreten oder verlassen. Dann mussten sie durch die angrenzenden Grundstücke, um auf die nächste Parallelstraße zu kommen.

Wenn die Amerikaner Bewegungen auf den Straßen sahen, eröffneten sie zumeist schnell das Feuer. Sie hatten Scharf-schützen postiert, die treffsicher waren und ihrem Namen alle

06. März 1945, 14:30 Uhr.
Der Dom kommt in Sichtweite der Angreifer.

Ehre machten. Das musste in Langel eine alte Frau sehr schmerzhaft erfahren. Allen Warnungen zum Trotz war sie auf ihren Acker gegangen, um dort auf dem Feld zu arbeiten. Dieses Feld lag direkt am Rheinufer, einige Meter über dem Flussbett. Es war also gut von der anderen Seite her einzusehen. Sie hatte einfach abgewinkt, als man ihr dieses Vorhaben ausreden wollte und sie darauf hinwies, dass sie ja wie eine Zielscheibe wirken würde. Sie hatte den Warnern gesagt: „Wenn mer im Herbst ernte wulle, dann müssen mer jetzt sihe (sähen). Die Amis wäden doch wohl su en ahl Möhn wie mich in Rau losse."

Doch da hatte sie sich leider geirrt. Sie hatte sich bei ihrer Arbeit so gestellt, dass sie dem, von den Amerikanern besetzten, Rheinufer den Rücken zu drehte. Dabei musste sie sich oft tief nach unten bücken, um Unkraut, das sie mit der Hacke losgeschlagen hatte, aufzunehmen und zur Seite zu schleudern. Sie streckte ihr Hinterteil hoch, dem noch feindlichen Ufer entgegen. Genau dort hinein traf sie die Kugel eines Scharfschützen und verletzte sie so schwer, dass sie wenige Tage später an den Folgen dieser Schussverletzung starb.

*

Die Straßen, die zum Rhein hin ausgerichtet waren und von den Amerikanern auf der anderen Seite eingesehen werden konnten, waren immer leer. Wenn man, aus Seitenstraßen kommend, diese Straßen überqueren wollte, musste man höllisch aufpassen. Man ging bis zur Ecke, schaute vorsichtig auf die andere Rheinseite und dann wurde die Straße im schnellen Spurt überquert. Eine weitere Regel war, dass man immer in einer Gruppe gleichzeitig diesen Sprint machte. Wer an einer solchen Ecke ankam, schaute erst einmal ob noch andere Menschen über die Straße wollten. Dann wartete man aufeinander, um dann auf Zuruf von beiden Seiten aus loszulaufen. Wenn man einzeln in Abständen diese Überquerung

Noch einmal flackert Widerstand auf. Ein letzter deutscher Panzer liefert sich ein Duell mit den Angreifern. Es gibt noch einmal Tote auf beiden Seiten.

machte, hatte der Scharfschütze schon den zweiten oder dritten Passanten in seinem Zielfernrohr. Das alles waren Erfahrenswerte, die das Überleben möglich machten.

Unter den in Köln einmarschierten US-Soldaten gab es nicht wenige, welche dem Bombenkrieg den sie hier in Deutschland geführt hatten sehr skeptisch gegenüberstanden. Als sie von Belgien kommend, ihren Vormarsch in Richtung Köln ausführten, kamen sie unter anderem durch die fast zu 100% zerstörten Kleinstädte Heinsberg, Düren und Jülich. Die Trümmerwüste, die einmal Köln gewesen war, wurde dann zum Höhepunkt in der Galerie dieser Schreckensbilder. Viele stellten sich dabei die Frage, ob man die Zivilbevölkerung nicht zu sehr drangsaliert hatte. Nicht wenige bezweifelten, dass das eigene Unrecht zu Recht würde, wenn man damit Unrecht, das der Feind beging, vergelten wollte.

Die letzten Kriegswochen für die Schälsick

Die Pioniereinheit, die in Porz stationiert war, hatte, bevor die Amerikaner das linke Rheinufer besetzten, in den hohen Uferböschungen Verteidigungslinien aufgebaut. Schützengräben wurden ausgehoben und Maschinengewehre eingebaut. Tag und Nacht waren Posten aufgestellt, die das andere Ufer mit Ferngläsern absuchten. Dann erhielt die Einheit den Abmarschbefehl, um an anderem Ort die gleichen Maßnahmen durchzuführen. Die eingerichteten Maschinengewehre blieben, versehen mit großen Mengen Munition, in den sogenannten Maschinengewehrnestern stehen. Sie sollten von der, nun als Ersatz einrückenden, Infanterieeinheit übernommen werden. Die Pioniere zogen also ab, aber der Ersatz kam nicht. Wochenlang standen die Waffen, scharf geladen, ohne jede Überwachung an der Rheinuferböschung.

Für uns Kinder wurde das Verbot, nicht mehr ans Rheinufer zu dürfen, jetzt doppelt streng ausgesprochen, und es wurde ganz genau auf seine Einhaltung geachtet. Was hätten wir für einen lebensgefährlichen Unsinn mit diesen Waffen anstellen können.

Es war schon ein großer Einschnitt in unsere Kinderwelt, dass wir nicht mehr zu unseren Lieblingsspielplätzen durften. Auch „Fräulein Zündorfs" Nachhilfeunterricht viel nun aus, weil ihr Haus ja direkt am Ufer stand.

Ein paar junge Burschen, damals war der Begriff „Halbstarke" noch nicht erfunden, aber es war die Bezeichnung, die genau treffend gewesen wäre, brachten dann Porz noch einmal in Gefahr. Seit einiger Zeit kreiste, bei gutem Wetter fast regelmäßig, ein amerikanisches Beobachtungsflugzeug über dem Ort. Während der ersten Tage zog es seine Kreise in ziemlicher Höhe. Aber da keinerlei Beschuss erfolgte, flog der Flugzeugführer von Tag zu Tag tiefer über die Häuser. Es war eine einsitzige Maschine, und man konnte genau den Piloten in seiner engen Kanzel erkennen. Wenn wir das Gebrumm seines Motors hörten, rannten wir „Pänz" auf die Straße und winkten zu ihm hinauf. Er winkte dann zurück und wackelte mit den Flügeln. So etwas wie die erste, nicht vom Kampf bestimmte, „deutsch-amerikanische Begegnung" schien sich da anzubahnen.

Die angesprochenen Burschen hielten sich oft in einem, von einer hohen Steinmauer umschlossenen Gelände auf. Es gehörte zu der benachbarten Glasfabrik „Germania". Wir Kinder nannten dieses, mit wild wuchernden Sträuchern und Bäumen bedeckte, ziemlich unzugängliche Terrain: „Hinger der Muur". An seinem Rand, schon fast im Fabrikbereich, stand ein hohes Silo. Das war gefüllt mit feinem weißen Quarzsand, wie man ihn für die Glasherstellung braucht. Auf dem Dach des Silos saßen die Rabauken, es waren vier Jungs, alle im Alter von 14 bis 16 Jahren. Im Inneren des Silos, in das man durch eine auf dem Dach befindliche Klappe einsteigen konnte, hatten sie Handfeuerwaffen versteckt. Damals lagen überall Waffen und Munition herum, die von den Soldaten weggeworfen worden waren. Sie hatten mehrere Karabiner dort oben und sogar eine Pistole, die wohl einem Offizier gehört hatte, und Mengen von Munition. Aus Langeweile hantierten sie mit den Waffen herum.

Es war ein sonniger Tag, der Aufklärer zog wieder seine Kreise über Porz und winkte den Kindern zu. Als er sich dem Silo näherte, versteckten drei von ihnen schnell die Waffen im Silo. Der vierte aber, ihr Anführer, griff sich eins der Gewehre, legte sich hinter einen Aufbau und zielte auf das näher-

06. März 1945, 17:00 Uhr.
Die Amerikaner erreichen den stark beschädigten Dom und das Rheinufer. Köln ist erobert.

kommende Flugzeug. Dann knallte ein Schuss. Gleich darauf konnte man hören, wie die Kugel das Flugzeug traf und es durchschlug. Der Bursche hatte eigentlich gar nicht schießen wollen. Jedenfalls behauptete er das später immer wieder, wenn man ihn, wegen der Folgen, die dieser dumme Streich mit sich brachte, ausschimpfte. Vielleicht stimmt seine Darstellung sogar, und der Druckpunkt der entsicherten Waffe war so leicht eingestellt, dass sich der Schuss ungewollt löste. Der Pilot riss die Maschine hoch und schwenkte mit Vollgas zur Seite. Es dauerte keine Viertelstunde, da musste Porz den größten und heftigsten Artilleriebeschuss dieser letzten Kriegswochen über sich ergehen lassen. Dieser Dummejungenstreich brachte dem Ort noch einmal neue Zerstörungen ein, es waren die letzten vor Kriegsende. Die Amerikaner beantworteten den einen Gewehrschuss mit Hunderten Granaten. Unseren Piloten haben wir nicht mehr wiedergesehen. Wir haben nie erfahren ob er verletzt wurde. Bestimmt hatte er wohl eingesehen, dass seine Flüge zu gefährlich waren und es für deutsch-amerikanische Friedensbeweise noch zu früh war.

*

Etwa zwei Wochen bevor die Amerikaner einmarschierten, besetzte doch noch der als Eliteeinheit angekündigte Kampfverband der Infanterie die Verteidigungslinie am Rheinufer. Dieser „Kampfverband" der deutschen Wehrmacht bestand aus einem blutjungen Leutnant und neun! Soldaten. Diese zehn sollten das Rheinufer vom Rosenhügel bis zum Ortsausgang von Porz, das bedeutete fast 5 Kilometer Frontlänge, verteidigen. Der Leutnant quartierte sich mit seinen Soldaten im Porzer Gymnasium ein. Das befand sich damals in verschiedenen Gebäuden, welche von der Hauptstraße, etwa in der Höhe der evangelischen Kirche, bis in Rheinnähe standen. Ein Kradmelder überbrachte dem Leutnant einen schrift-

Soldaten des 415. Regiments der 104. Infanterie-Division stehen vor der völlig zerstörten Kirche
St. Severin und betrachten das, wie durch ein Wunder unversehrt gebliebene,
Figurenfries über dem Eingangsportal.
Die Amerikaner ließen schon am 12. März 1945 an den beschädigten Kölner Kirchen
„Off Limits"-Schilder anbringen, um zu verhindern, dass die Gebäude durch Plünderungen
noch größere Schäden erlitten.

lichen Befehl. Da in den nächsten Tagen eine Offensive der Amerikaner hier in Porz zu erwarten sei, würden deshalb Truppen zur Verstärkung anrücken. Wegen der zu erwartenden heftigen Kämpfe müsse die noch dort befindliche Bevölkerung evakuiert und der gesamte Ort geräumt werden. Bei Weigerung der Zivilisten, solle diese Evakuierung mit Waffengewalt durchgesetzt werden. Bis zur letzten Konsequenz!

Der junge Leutnant entpuppte sich nun als Fanatiker, der noch immer bereit war, Befehlen blindlings zu gehorchen und bis zum letzten Atemzug zu kämpfen. Er zog die beste Montur an, die er besaß, heftete die Orden und Ehrenzeichen, die er trotz seiner Jugend schon erhalten hatte, an seine Brust. Dann befahl er zweien seiner Leute, ihre Bajonette aufzupflanzen und ihn zu eskortieren. Er hatte seinen Stahlhelm mit dem Sturmriemen unter dem Kinn festgemacht, seine Pistole umgeschnallt und seine Reitstiefel waren auf Hochglanz poliert. Dann gab er den beiden Soldaten den Befehl: „Ohne Tritt marsch." Er ging zwei Schritt vor seinen Männern und hielt sich kerzengerade. Sein Gesichtsausdruck war verschlossen und ein wenig hochmütig. Er war groß und schlank und machte einen schneidigen Eindruck. Er sah genau so aus, wie man sich einen Offizier in Friedenszeiten vorstellen würde. Aber jetzt in den letzten chaotischen Kriegstagen, wo schon alles im Zeichen der Auflösung stand, wirkte er doch recht deplaziert. In seiner Hand trug er, zu einer Rolle aufgedreht, das Schriftstück mit dem Befehl. Wenn er auf Menschen traf, entrollte er es theatralisch und las den Befehl mit lauter Stimme vor: „Die Ortschaft Porz wird hiermit zur Hauptkampflinie erklärt. Alle Zivilisten haben innerhalb von 24 Stunden ihre Häuser und Wohnungen zu räumen. Wer nach diesem Zeitpunkt noch in Porz angetroffen wird, wird als Spion betrachtet und erschossen."

Anschließend fügte er noch hinzu: „Sagen sie das jedem, den sie kennen, weiter." Dann rollte er sein Papier wieder zusammen, befahl seinen Leuten erneut: „Ohne Tritt marsch", ging zu den nächsten Zivilisten und wiederholte seine Meldung. Wie ein Lauffeuer verbreitete sich die Nachricht von dieser Aktion im Ort. Die wenigen, noch in Porz gebliebenen, Menschen liefen auf die Straßen. Als der Trupp am „Maiers Hüsje" ankam, und der Leutnant seinen Befehl vorgelesen hatte, waren alle, die dort wohnten und sich neugierig auf der Straße versammelt hatten, erst einmal sprachlos, so sehr hatte die brutale Aussage dieser Anordnung sie getroffen. Plötzlich packte mich meine Mutter mit festem Griff bei den Schultern und ging, mich dabei vor sich herschiebend, auf den Leutnant zu. Sie sah ihm offen ins Gesicht, ohne ihm die Angst zu zeigen, die sie erfüllte. Dann sagte sie zu ihm: „Ich werde mit meinem Kind diesen Ort nicht verlassen. Wo sollen wir denn hin? Alle Straßen werden von amerikanischen Jabos (Jagdbomber) kontrolliert, die alles unter Beschuss nehmen, was sich bewegt. Außerdem kennen wir niemanden, der uns irgendwo aufnehmen könnte." Als sie verstummte, starrte der Offizier sie erstaunt und mit vor Zorn verzerrtem Gesicht an. Doch ehe er etwas sagen konnte, erhob meine Mutter noch einmal ihre Stimme und fügte laut und in entschlossenem Ton hinzu: „Nein, wir werden nicht gehen, wir bleiben hier." Der Leutnant herrschte sie grimmig an: „Das würde ich mir gut überlegen. Wenn wir sie morgen um diese Zeit noch hier antreffen, werden sie erschossen."

Mutter, die ihre Hände noch immer auf meinen Schultern liegen hatte, schob mich noch ein Stück weiter vor: „Wir gehen nicht. Ob uns nun die Amis auf der Straße abschießen oder unsere eigenen Soldaten hier im Ort, das bleibt sich doch gleich. Wenn sie dann morgen kommen, müssen sie erst mein Kind und dann mich erschießen."

Die anderen Nachbarn, die um uns herum standen, kommentierten ihre Worte mit beifälligen Bemerkungen und erklärten, dass auch sie nicht weggehen würden.

Der Leutnant blieb äußerlich eiskalt. Seine Antwort war knapp und drohend: „Sie kennen den Befehl, bei Zuwiderhandlung kennen sie auch die Konsequenzen." Dann machte er eine schneidige Kehrtwendung, schrie seinen Leuten den Abmarschbefehl zu und marschierte mit durchgedrückter Brust los. Ehe seine Soldaten ihm folgten, sagte der eine leise zu meiner Mutter: „Keine Angst junge Frau, so schnell erschießen wir Landser keine Zivilisten."

Das Schicksal meinte es gut mit den Porzern. Die Amerikaner hatten wohl bemerkt, dass sich in den Schulgebäuden Soldaten befanden. Sie belegten die Schule mit Artilleriebeschuss. Gleich die erste Granate tötete den fanatischen Leutnant, der sich gerade auf dem Schulhof befand. Der Oberfeldwebel, der als Ranghöchster nun an die Stelle des getöteten Offiziers treten, und das Kommando übernehmen musste, ignorierte den Befehl. Kein Porzer Bürger brauchte seine Wohnung zu verlassen und niemand wurde erschossen.

Der angekündigte Angriff der Amerikaner auf das Porzer Rheinufer fand ebenso wenig statt, wie die angekündigte Truppenverlegung als Verstärkung für die restlichen neun Verteidiger. Die verhielten sich ruhig und verließen kaum noch ihre Quartiere. Man hatte sie wohl vergessen, und die Soldaten taten das ihre dazu, um nicht mehr aufzufallen. Es war uns allen klar, dass sie nur das Ende des Krieges abwarteten. Alle Zivilisten waren froh über dieses Verhalten, denn solange es bei uns ruhig blieb, solange ließen uns auch die Amerikaner in Ruhe. Die Menschen lebten in einem Zwiespalt der Gefühle. Auf der einen Seite sehnten sie den Einmarsch der Amerikaner herbei, weil das endlich das Ende des Krieges bedeutete. Anderseits hatten sie Angst vor dieser

Stunde. Die Nazipropaganda hatte immer wieder behauptet, dass die Amerikaner voller Hass gegen die Deutschen wären und die schlimmsten Gräueltaten gegen die Zivilbevölkerung ausüben würden. Notzucht, brutale Verhöre mit Folter und Mord seien an der Tagesordnung und die „Nigger" wären die schlimmsten. Doch unsere Ängste waren unnötig. Denn als die Amerikaner einrückten, verhielten sie sich den Zivilisten gegenüber völlig korrekt.

Die Amis sinn do

Eines Tages war es dann so weit, die Amerikaner kamen. Wir hatten den ganzen Morgen Gefechtslärm gehört, der immer näher kam. In der Wahner Heide waren die anrückenden amerikanischen Truppen noch einmal in verschiedene Gefechte verwickelt worden. Den Deutschen gelang es, noch mehrere ihrer Panzer abzuschießen. In den Wracks haben wir Kinder später gespielt. Gegen Mittag wurde es ruhiger. Dann fuhr ein Mann mit einem Fahrrad die Bahnhofstraße hinunter und schrie den Leuten zu: „Die Amis sinn do, ich hann ihr Panzer jesinn. Se sinn alt op der Waldstroß zweschen Grengel un Urbach."

Die Nachricht verbreitete sich in Windeseile. Jeder rannte zum Nachbarn und gab die Neuigkeit weiter. Dann kehrten die Menschen zurück in ihre Häuser, die meisten suchten ihre Luftschutzkeller auf. Einige mutige standen in ihren Haustüren versteckt und lugten in die Richtung, aus der die amerikanischen Soldaten kommen mussten. Eine von Angst, aber auch von Neugier erfüllte Spannung lag über dem Ort.

Die neun deutschen Soldaten entschlossen sich zur Kapitulation. Sie stellten ihre Waffen zusammen und verließen ihre Unterkunft im Gymnasium. Sie gingen zu Funks, weil sie wussten, dass Frau Funk Englisch sprach. Der Feldwebel, der noch immer das Kommando führte, erklärte Familie Funk seinen Plan: Wenn er mit seinen Leuten auf der Straße bliebe, um sich den Angreifern zu ergeben, könnte es womöglich zu einer Überreaktion der unter Stress stehenden Sturmtruppen kommen. Die würden womöglich erst schießen und dann reagieren. Er bat Familie Funk, ihnen doch erst einmal Asyl in ihrem Keller zu geben. Danach, wenn die Einnahme von

Porz abgeschlossen wäre, sollte Frau Funk den amerikanischen Kommandeur aufsuchen, und ihm melden, dass die gesamten „Verteidigungskräfte" dieses, als „Festung" ausgebauten Ortes, in Gestalt von neun unbewaffneten Soldaten in ihrem Keller wären und sich dort ergeben würden. Familie Funk und Familie Dienhard, die auch in dem Hause wohnte, berieten sich und wogen ab, wie hoch für sie die Gefahr wäre, wenn sie Soldaten im Hause hätten. Doch schnell entschieden sie sich dafür, den Männern zu helfen und ließen sie in ihren Keller.

Schon konnte man das Dröhnen der Panzermotoren und das Rasseln ihrer Ketten hören. Dann verstummten diese Geräusche. Die Amerikaner stoppten vor eng bebauten Ortschaften ihre Panzer und ließen erst Sturmtruppen in diese Orte einmarschieren, um die Lage zu klären. Sie hatten zu viele ihrer Panzer in der Vergangenheit verloren, wenn diese in den engen Straßen aus den Häusern mit Panzerfäusten angegriffen und abgeschossen wurden.

Eine knappe halbe Stunde verging, ohne das etwas passierte. Dann rief einer von der Bahnhofstraße in die Hauptstraße hinein: „Die Amis kumme, se sinn schon ahn dä Stroßebahnschinne."

Dann kamen sie auch in unser Blickfeld. Sie näherten sich in zwei Reihen. Auf jeder Straßenseite pirschte sich eine dieser Reihen heran. Sie gingen in kurzen Abständen hintereinander her, und blieben dabei immer direkt neben den Häusern. Zwei endlos scheinende Kolonnen in grün und Khaki gekleidet, bewegten sich die Bahnhofstraße hinunter in Richtung Rheinufer und katholische Kirche. Im Gegensatz zu den immer aufgestellten Behauptungen, in der kämpfenden Truppe der Amerikaner wären eine menge Farbige gewesen, waren in dieser Sturmtruppe nur weiße Soldaten. Daran erinnere ich mich genau, denn ich hatte noch nie einen Neger gesehen

und wollte unbedingt wissen, wie die denn aussehen würden. Darum musterte ich alle an uns vorbeikommenden Soldaten ganz genau, aber einen schwarzen Soldaten sah ich nicht. Aufmerksam und gewissenhaft ihre Umgebung kontrollierend, schlichen die Amerikaner heran. Die Oberkörper vorgebeugt, die Waffen im Anschlag vor sich haltend, kamen sie immer näher. Sie waren angespannt und konzentriert. Es war eine Eliteeinheit, in vielen Kämpfen erprobt. Sie wussten, wie schwer es für sie werden würde, wenn sich in diesem Ort deutsche Soldaten verschanzt hatten. Sie hatten schon viele solcher Orte eingenommen, man wusste vorher nie, wie so eine Eroberung ablief. War der Ort von der deutschen Wehrmacht verlassen, ging alles glatt. Von der Zivilbevölkerung kamen fast nie feindliche Handlungen. Wenn sich, so wie hier, die Menschen offen zeigten, konnte sie davon ausgehen, dass keine deutschen Truppen im Ort waren. Besetzten sie aber eine Stadt, die von ihren Bewohnern verlassen war, wurde es gefährlich. Dann hatten sich bestimmt deutsche Soldaten irgendwo verschanzt. Die Deutschen waren harte und tapfere Gegner. Oft wurde dann der Einmarsch von nur einer Handvoll „Krauts" stundenlang aufgehalten.
Aber dieses Mal verlief alles still, kein Schuss fiel, nur gelegentlich hörte man einen Ruf in englischer Sprache, wenn die Soldaten sich auf irgendwelche Dinge, die ihnen gefährlich erschienen, aufmerksam machten. Einen großen Anteil an dieser fast lautlosen Invasion hatte auch das Schuhwerk der Amerikaner. Im Gegensatz zu den deutschen Soldaten, die mit ihren genagelten Stiefeln, den Knobelbechern, schon von weitem zu hören waren, gingen die Amerikaner völlig lautlos, auf bequemen Schnürstiefeln mit dicken Gummisohlen.
Die Stimmung bei der Zivilbevölkerung hob sich etwas, ihre Ängste senkten sich. Da alles so ruhig zuging und man davon ausgehen konnte, dass es nicht zu Kampfhandlungen kom-

men würde, weil es keine Verteidiger gab, kamen immer mehr Leute an ihre Haustüren oder schauten aus den Fenstern. Einer hing ein weißes Betttuch aus seinem Fenster. Schnell schlossen sich andere an und bald hingen an jedem Haus, in dem noch Leute lebten, weiße Tücher zum Zeichen der friedlichen Kapitulation. Auch aus dem Haus von Urban Engels, einem dickleibigen Lebensmittelhändler, hing ein weißes Laken, genau an der Stelle, wo bis vor kurzem an den Feiertagen der Nazis eine riesige Hakenkreuzfahne gehangen hatte. Diese Fahne, von der er immer mit stolz geschwellter Brust behauptet hatte, sie wäre die größte Fahne von Porz, hatte er am frühen Morgen in seinem Garten verbrannt. Auch das farbig kolorierte Hitlerbild und das Schild, auf dem in großen Buchstaben stand:" Trittst du in diesen Laden ein, so soll dein Gruß „Heil Hitler" sein", hatte er abgehängt und auf dieses Feuer geschmissen. Bild und Schild hatten, für jeden Eintretenden unübersehbar, über seiner Ladentheke gehangen. Kam ein Kunde und sagte: „Guten Tag", oder „guten Morgen", dann riss Urban Engels seinen rechten Arm hoch und schrie laut „Heil Hitler" und wies anschließend drohend auf das Schild.

Die Vorhut der GIs hatte die Kreuzung Hauptstraße – Bahnhofstraße erreicht. Der Soldat, der die Kolonne auf der linken Straßenseite anführte, erreichte zuerst das Eckhaus, in dem sich damals das Lebensmittelgeschäft Förster befand. Er stoppte, hob seinen rechten Arm und machte mit der Hand einige Bewegungen. Seine Handzeichen bedeuteten: Halt zur Geländesondierung. Die Nachkommenden blieben sofort stehen. Jeder Truppführer hob nun auch seinen Arm und in Sekundenschnelle stoppte die gesamte Truppe und drängte sich, Deckung nehmend, an die Hauswände. Der erste von jeder Kolonne pirschte sich bis zur Straßenecke vor und prüfte ob es irgendwo deutsches Militär geben würde.

Auf der gegenüberliegenden Ecke stand ein „Einmannbunker". Das waren Betonröhren mit spitzen Dächern etwa, 1,50 Meter im Durchmesser und um die 2,00 Meter hoch. Sie hatten im unteren Bereich eine kleine Einstiegsluke und in Augenhöhe rundum mehrere Sehschlitze. Sie dienten dazu, Luftschutzhelfer unterzubringen. Als in der Kölner Innenstadt mehrere Helfer bei Bombenangriffen in diesen Bunkern den Tod fanden, wurden sie nicht mehr benutzt. Auch der hier stehende Bunker war natürlich leer. Trotzdem rannten mehrere Soldaten in schnellem Spurt zu ihm hin, rissen die Einstiegsluke auf und hielten ihre Waffen in das Innere. Als sie sich überzeugt hatten, dass ihnen von dort keine Gefahr drohte, spurteten sie wieder zu ihren Kameraden zurück.

Es war schon eine seltsame Situation, die nicht ohne eine gewisse Komik war. Da bewegten sich Hunderte von schwerbewaffneten Soldaten unter äußerster Vorsicht von Haus zu Haus und wurden dabei von den Zivilisten neugierig beobachtet. Man hätte glauben können, dass alles, was da geschah, ein Manöver und keine reale Kriegswirklichkeit wäre.

Von den die erste Angriffsspitze Befehlenden wurden zwei Stoßtrupps gebildet, die rechts und links in die Hauptstraße eindrangen. Als sie zurückkehrten, machten sie den Offizieren, die sich mittlerweile vorne an der Kolonnenspitze eingefunden hatten, Meldung, dass der Ort feindfrei wäre. Über Funk wurden nun die Fahrzeuge angefordert. Minuten später rollte ein endloser Konvoi von Lastwagen, Sanitätsfahrzeugen und Panzerspähwagen in den Ort. Aber es kamen keine der großen, kettenbetriebenen Panzer in den Ort. Die hatten in den Feldern vor der Eisenbahnlinie Stellung bezogen. Diese Felder erstreckten sich damals von der Reichsbahnstrecke bis zur Frankfurter Straße.

Mit den Fahrzeugen kamen auch die schwarzen GIs, fast alle Fahrer waren Neger. Voller Neugier, aber auch mit viel

Respekt und Angst starrten wir Kinder auf die dunkelhäutigen Menschen, denn keiner von uns hatte bis zu diesem Moment überhaupt eine Vorstellung davon, was denn ein „Neger" war. Die Nazipropaganda hatte uns immer wieder eingeredet, dass es furchtbar böse und wilde Typen wären, die uns schreckliche Dinge antun würden. Neunkirchens Helmut, der neben mir am Straßenrand stand, meinte mit der Logik eines Neunjährigen: „Usser dat die esu schwazz sind, sinn se jenau us wie Minsche."

Als die letzten Soldaten an uns vorbeizogen, kam einer, der nicht bewaffnet war, sondern mehrere Fotoapparate um den Hals hängen hatte, direkt auf Helmut und mich zu. Es war wohl ein Kriegsberichterstatter, der mit der kämpfenden Truppe unterwegs war. Als wir uns erschrocken über seine Annäherung nach hinten verdrücken wollten, machte er uns mit freundlichen Gebärden klar, dass er nichts Böses im Schilde führte, sondern nur Fotos von uns machen wollte.

Wir beide trugen, der damaligen Zeit entsprechend, kurze Lederhosen, die von Hosenträgern, die über die Schultern gingen, gehalten wurden. Quer über die Brust, verlief ein breiter Lederstreifen, auf dem aus Hirschgeweih gearbeitete Reliefs befestigt waren. In der Hand hielt jeder von uns einen Stock, an dem ein weißer Lappen befestigt war. Wir sahen wohl für den amerikanischen Reporter so typisch deutsch oder so lustig aus, dass er uns mehrfach fotografierte.

Der Verräter schläft nie

Dann war Porz eingenommen oder „befreit", wie man es auch immer nennen will. Die Hektik und die Spannung, die während des Einmarsches bei den Amerikanern gleichermaßen wie bei der Zivilbevölkerung geherrscht hatte, legte sich rasch und machte einem Gefühl von friedvoller Erleichterung Platz. Die Amerikaner verhielten sich friedlich und äußerst korrekt. Soldaten wie Offiziere bewegten sich mit einer Gelassenheit zwischen den Deutschen, als hätte es nie einen Krieg gegeben. Nur an das Rheinufer trauten sie sich nicht heran. Sie glaubten scheinbar, dass die andere Rheinseite noch in deutscher Hand wäre. Daran ändert sich über Stunden nichts, trotzdem immer wieder Porzer ihnen zu erklären versuchten, das dort auf der andere Seite des Flusses auch Amerikaner wären.

Bei Funks im Keller diskutierten die neun deutschen Soldaten, ob sie sich ergeben oder versuchen sollten, sich Zivilkleidung zu besorgen und zu ihren Familien durchzuschlagen. Doch die nun einsetzenden Geschehnisse nahmen ihnen die Möglichkeit, selbst über ihr weiteres Schicksal zu entscheiden.

Einen Judas wird es immer geben, auch an diesem Tage war er zugegen. Es war ein Porzer Bürger, ich nenne ihn einmal Männ, der vom Alter her eigentlich jetzt irgendwo als Soldat an der Front sein müsste. Aber er war einer der ganz wenigen, die es mit irgendwelchen Tricks geschafft hatten, sich vor dem Kriegsdienst zu drücken. Männ sah nun die Stunde gekommen, um sich einen Judaslohn zu verdienen. In der Hoffnung, für seine Informationen auch eine „Hand voll Silberlinge" in Form von Zigaretten und Lebensmitteln zu erhalten, marschierte er zu einem Haus in der Hauptstraße, gegenüber der Katholischen Kirche. Es stand leer, seine

Bewohner waren evakuiert. Bis vor kurzem hatte noch in den Erdgeschossräumen die HJ ihre Versammlungen und Gruppenabende abgehalten. Jetzt hatten es die Amerikaner beschlagnahmt, um dort ihren Befehlsstand einzurichten. Unterwürfig näherte er sich den Wachposten, die vor dem Hauptquartier der Amerikaner Wache hielten und zog artig seinen Hut. Dann kauderwelschte er: „German Militär hier, and I wissen wo Soldaten sind, I bringing Amerikaner där." Der Posten hatte nichts verstanden und musterte den Deutschen, Kaugummi kauend, mit neugierigem Blick von Kopf bis Fuß.

"What do you want?", herrschte der zweite Posten Männ ziemlich unfreundlich an.

Der wiederholte sein Kauderwelsch, hielt dabei seine Arme, als ob er ein Gewehr im Anschlag hätte, und fügte hinzu: „German Militär, peng, peng, peng." Dann wies er in Richtung von Funks Haus. Nun hatten die Wachposten verstanden, ihre Lässigkeit verschwand und machte einer angespannten Wachsamkeit Platz. Während der eine auf seinem Posten blieb, packte der andere Männ und bugsierte ihn schnell in die Kommandantur. Der Posten machte Meldung und sagte dem wachhabenden Offizier, dass dieser Mann wüsste, wo sich deutsche Soldaten befänden, die bewaffnet wären und schießen würden. Er drehte sich zu Männ um, wiederholte dessen Gestik und sagte fragend: „Peng, peng, peng?" Der nickte mit wichtigtuerischem Gehabe und sagte: „Yes German Militär, peng, peng, peng."

Sofort setzte hektische Unruhe ein, Befehle schallten durch den Raum, die von Funkern sofort weitergegeben wurden. Dann kam ein Offizier, der Deutsch sprach, und Männ konnte nun seinen Verrat ausführlich schildern.

Bei Funks im Keller hatten sich die Soldaten dafür entschieden, sich den Amerikanern zu ergeben. Die meisten von ihnen waren aus Ostdeutschland, und ihre Heimat war längst von der Roten Armee besetzt. Jetzt in den letzten Kriegswirren wäre es für sie gar nicht möglich gewesen, ihre Familien zu erreichen. Sie baten Frau Funk, ihre Kapitulation dem amerikanischen Kommandeur mitzuteilen.

Frau Funk hatte sich schon auf diesen Gang vorbereitet. Sie nahm den Besenstiel, an dem ihr die Soldaten einen weißen Lappen befestigt hatten und verließ den Keller.

Als sie aus ihrem Haus auf die Straße kam, wollte sie ihren Augen nicht trauen. Im Laufschritt näherten sich eine Menge schwer bewaffneter US Soldaten. Gleichzeitig fuhren zwei gummibereifte Panzerspähwagen vor und postierten sich vor dem Haus. Ihre mit schweren Maschinengewehren bestückte Türme drehten sich drohend in dessen Richtung. Die ankommenden Soldaten bildeten einen Halbkreis und suchten sich eine Deckung. Frau Funk verschlug es die Sprache und von Angst erfasst, schaute sie verblüfft in fast fünfzig Gewehrläufe, die sich Unheil verkündend auf sie richteten. Sie schwenkte ängstlich ihren Besenstiel und rief auf englisch, dass sie einen Offizier sprechen wollte. Hinter einem der gepanzerten Wagen kam ein Colonel, ein mit vielen Ordensspangen dekorierter Oberst hervor, in der Hand hielt er eine Pistole. Er winkte die eingeschüchterte Frau mit dieser Pistole zu sich heran und schrie dabei, in scharfen Befehlston, mehrmals: „Come on! Come on!"

Von ängstlicher Spannung erfüllt, ging Frau Funk zu dem Offizier hinüber. Als sie ihn erreichte, zog der sie in die Deckung des Wagens. Frau Funk sah, dass sich hinter jedem Wagen eine Gruppe von Soldaten befand. Es waren für den Nahkampf ausgebildete Spezialisten, die sich bereitmachten, als erste ihr Haus zu stürmen. Dann bemerkte sie Männ, der sich stolz neben den Offizier gestellt hatte. Sofort wurde ihr klar, wem sie diese Entwicklung der Dinge zu verdanken hatte.

Sie schaute Männ voller Verachtung an. Der Mann wurde verlegen und stellte sich hinter den befehlshabenden Offizier. Ungeduldig wurde Frau Funk von dem Colonel zum Reden aufgefordert. In ihrem besten Schulenglisch erklärte sie dem Mann die Situation. Immer wieder stellte dieser, im breitesten Texasslang misstrauische Fragen. Im Verlauf dieses Gespräches wurde der Amerikaner zugänglicher. Er hatte wohl erkannt, dass der Männ mit seinem „peng, peng, peng" etwas übertrieben hatte. „Okay", sagte er dann zu ihr. „Gehe in dein Haus und bringe die deutschen Soldaten heraus. Sie sollen einzeln, mit erhobenen Händen erscheinen. Der Befehlshabende zuerst."

Frau Funk ging wieder ins Haus und nach kurzer Zeit kam sie mit dem Feldwebel zurück.

Der wurde blass, als er die Armee sah, die man zu ihrer Gefangennahme hatte aufmarschieren lassen. Auch seine ihm folgenden Leute bekamen ein mulmiges Gefühl, als sie in die vielen auf sie gerichteten Waffenmündungen blickten. Als alle vor der Tür in einer Reihe standen, trat der Feldwebel einen Schritt vor, nahm Haltung an, führte zackig seine Hand an die Mütze und meldete: „Hauptfeldwebel Beierlein und acht Mann ergeben sich dem Feind."

Frau Funk übersetzte, und dann wurden die Männer, von den Amerikanern eskortiert, zur katholischen Kirche geführt. Dort mussten sie sich auf die Kirchentreppe setzen.

Die Amerikaner waren von ihrer Friedfertigkeit scheinbar überzeugt, denn nur einen einzigen Mann hatte man zu ihrer Bewachung abgestellt. Der hatte sich ein wenig abseits auf die Kirchenmauer gesetzt: Seine Maschinenpistole lag lässig über seinen Beinen, und er schaute, gelangweilt seinen Kaugummi kauend, auf die Gefangenen.

Die saßen vielleicht zwei Stunden auf der Treppe, als sich eine Gruppe von Offizieren und Soldaten näherte. Einer der Offiziere sprach die Gefangenen an. Ein Sergeant, der ein wenig Deutsch sprach, versuchte zu übersetzen. Der Befehlshaber dieser Kampftruppe hatte keine Möglichkeiten, die Gefangen zu betreuen und wollte sie zu einer Kriegsgefangen-Sammelstelle bringen lassen. Vorher machte er den neun Soldaten ein Angebot. Er ließ sie wissen, dass er bereit sei, denjenigen, die sofort in Richtung Heimat abmarschieren würden, Entlassungspapiere auszustellen. Drei von ihnen nahmen das so unerwartet gekommene Angebot sofort an, sie erhielten einen Entlassungsschein und machten sich auf den Weg zu ihren, nicht allzu weit entfernten, Heimatorten. Zu ihnen gehörte auch der Oberfeldwebel, der sich und den ihm unterstellten Trupp, mit seiner geschickten Führung, aus allem Schlamassel in den letzten Kriegswochen herausgehalten hatte. Er stammte aus Wuppertal und hatte nach einigen Abenteuern, schon nach wenigen Tagen seine Frau und seine beiden Kinder wieder glücklich umarmen können.

Die übrigen sechs diskutierten lange untereinander. Es waren die Soldaten aus Ostdeutschland, die keine Möglichkeit sahen aus eigener Kraft in ihre Heimat zu kommen. Darum entschlossen sie sich schließlich, in der, vermeintlich sicheren, Gefangenschaft der Amerikaner zu bleiben. Sie waren von dem Verhalten der Kampftruppe ausgegangen und dachten, dass ihnen bei den Amerikanern nichts Böses passieren würde. Sie wussten zu diesem Zeitpunkt noch nicht, dass sie damit einen furchtbaren Fehler begangen hatten. Ein wenig später wurden sie dann auf einen LKW verladen und nach Neuwied in ein großes Auffanglager für deutsche Kriegsgefangene gebracht. Hier erwartete sie die Hölle. Die Amerikaner hatten plötzlich Hunderttausende deutsche Soldaten in Gewahrsam, und es wurden täglich mehr. Sie hatten für diese Männer weder Zelte, Decken noch Nahrung in ausreichendem Maße. Die Gefangenen wurden auf den Rheinwiesen zusammengepfercht. Sie kampierten dort ohne Unterkünfte und ohne jegliche sanitäre Anlagen unter freiem Himmel. Sie erhielten ausgezeichnete amerikanische Verpflegung, aber die Portionen waren so winzig, dass sie einen Säugling nicht ernährt hätten. Die Männer starben zu Tausenden an Unterernährung und an den ausbrechenden Epidemien, wie zum Beispiel an der Ruhr. Dort vollzog sich ein ganz schwarzes Kapitel der amerikanischen Kriegsführung.

*

Männ hatte sich, nachdem die Gefangennahme der Deutschen abgeschlossen war, dem amerikanischen Offizier, der die Aktion befehligte, genähert. Schleimig grinsend gab er dem Amerikaner zu verstehen, dass er nun auf seinen Lohn warten würde. Der Amerikaner sah ihn angewidert an. Obwohl er genau wusste, was der Verräter von ihm wollte, fragte er unwirsch: „What do jou want?"

Männ deutete auf die deutschen Soldaten, die zu diesem Zeitpunkt noch auf der Kirchentreppe saßen und antwortete: „Ich sagen, wo German-Militär. Du einfangig alle, jetzt für mich littel Zigaretts, Kaffee, Schokolade?"

Der Offizier spuckte Männ vor die Füße und sagte: „Go to hell." Dann drehte er sich um und ließ den Denunzianten einfach stehen.

Dass er die deutschen Soldaten verraten hatte, brachte Männ nicht nur an diesem Tage Verachtung ein, sondern sie ließ ihn nie mehr los. Diese Tat haftete an ihm wie ein Kainsmal. Selbst nach vielen Jahren war das so. Wenn man von ihm sprach, oder ihn auf der Straße sah, tuschelte man hinter vorgehaltener Hand: „Das ist doch der, der damals die deutschen Soldaten an die Amis verraten hat."

Männ hatte zu seinem Leidwesen erfahren müssen, dass der Satz von Napoleon: „Ich liebe den Verrat, aber verachte den Verräter", auch in dieser Zeit noch aktuell war.

Soldaten und Kinder

Die Einheiten, die uns befreit und Porz eingenommen hatten, waren als kämpfende Truppe mehrere Tage in vorderster Angriffsreihe gewesen. Jetzt erhielten sie eine Ruhepause und ein anderes Bataillon wurde in den Kampf geschickt. Die Truppen blieben zwei oder drei Tage in Porz, dann mussten sie weiter ziehen, um wieder an die Front zu gelangen. In diesen Tagen hatten wir Kinder uns mit den Männern angefreundet. Am schnellsten ging das mit den Farbigen, die waren besonders kinderfreundlich. Es gab für uns nichts schöneres als bei den Soldaten zu sein, und wir verloren schnell alle Scheu und unsere Ängste. Bis auf wenige Ausnahmen waren die Angehörigen dieser „kämpfenden Truppe" freundlich zu uns Kindern, aber auch zu den Erwachsenen.

Für uns „ausgehungerte Pänz" fiel auch immer etwas ab. Mal verteilte einer Kaugummi, mal eine Tafel Schokolade. Spannend wurde es für uns, wenn sie ihre Verpflegungsrationen bekamen. Das waren grüne Pappkartons, in die nach einem ausgetüftelten System alles eingepackt war, was ein Soldat für einen Tag brauchte. Vom Teebeutel und Tütchen mit Pulverkaffee über Lebensmittelkonserven, Brot, Schokolade bis hin zu Toilettenpapier. Wenn sie diese Schachteln leerten, sahen wir angespannt und erwartungsvoll zu. Sie nahmen nie alles heraus. Sie lebten so im Überfluss, dass sie die Pakete oft halb voll stehen ließen. Wenn sie dann weggingen, stürzten wir wie die Geier auf die liegengebliebenen Kartons und jeder raffte sich, was er bekommen konnte. Ich erwischte dabei einmal eine Dose, auf der stand „Ham and Egg". Als meine Mutter mir mit dieser, zu einer Schmierwurst ähnlichen Paste zusammengekochten Konserve einige Scheiben Brot beschmierte, war das für mich das Köstlichste, was ich je gegessen hatte.

Einmal saß ein besonders schwarzer GI in seinem offenen Jeep und hatte eine große Blechdose mit Pralinen und Sahnebonbons auf dem Schoß. Genüsslich verspeiste er eine nach der anderen. Wir standen in der Nähe und sahen gierig und mit knurrendem Magen zu. Dann blickte er auf und bemerkte uns. Sein Gesicht verzog sich zu einem breiten Lächeln und seine Zähne blitzten schneeweiß aus seinem dunklen Gesicht. Er hielt uns die Dose entgegen und sagte: „Come on." Wir ließen uns nicht lange bitten und drängten schnell heran. Als wir Jungs die Mädchen beiseite drängelten, zog er die ausgestreckte Hand mit der Pralinendose zurück. Er schob uns Jungs zur Seite, winkte den Mädchen zu und sagte: „Ladies first." Brav nahmen sich unsere Spielkameradinnen, eine nach der andern, eine Praline oder ein Bonbon, dann machten sie einen Knicks und gingen zur Seite, damit die nächste an die Konfektdose kam. Dem Soldaten machte das großen Spaß, und er machte seine Kameraden darauf aufmerksam, was für „wonderful children" wir doch wären. Dann waren wir Jungs an der Reihe, ebenso höflich nahmen wir uns ein Teil aus der Dose. Bis Helmut Neunkirchen vor dem Soldaten stand. Er schaute kurz in das schwarze, ihm freundlich entgegen lächelnde Gesicht, dann langte er mit einem kurzen Griff in die Dose, nahm sich eine ganze Handvoll der Süßigkeiten, schrie mit seiner schrillen Kinderstimme laut „thank you" und rannte davon. Wir, die noch um den Wagen herumstanden, bekamen einen riesigen Schreck, wie würde der freigiebige Soldat reagieren. Doch der Amerikaner war überhaupt nicht böse und wollte sich ausschütten vor Lachen. Er berichtete, immer noch lachend, seinen Kameraden von dem „cleveren Boy" und fand es besonders lustig, dass Helmut sich so laut bei ihm bedankt hatte, ehe er sich aus dem Staub machte.

*

Mit den GIs konnte man auch Geschäfte machen. Sie waren ganz versessen auf Orden, die Dolche der hohen SA-Offiziere und Nazisymbole jeder Art. Viele Deutsche hatten diese Dinge kurz bevor die Amis kamen beiseite geschafft. In den Gebüschen, an den Hängen am Rheinufer, fanden wir Kinder Orden und Ehrenzeichen jeder Art, vom Mutterkreuz und Eisernen Kreuz bis zum Parteiabzeichen der SA in Gold. Die sammelten wir Kinder eifrig ein, um sie bei den Soldaten gegen Zigaretten und Schokolade einzutauschen. Ich fand einmal einen Adler mit ausgebreiteten Flügeln auf einem Marmorsockel. In seinen Fängen hielt er ein vergoldetes Hakenkreuz. Für dieses „Schmuckstück" bekam ich von einem Offizier zwei Schachteln Chesterfield Zigaretten, mehrere Päckchen Kaugummi und eine dicke Tafel Blockschokolade. Im Wertemaßstab dieser Zeit hatte ich für diese kitschige Figur ein kleines Vermögen erhalten.

*

Auf dem Hof des Hauses, welches für die Kommandantur beschlagnahmt wurde, war auch die Feldküche für die Truppe eingerichtet. Das Hoftor war immer fest verschlossen und wurde sogar von einem Posten bewacht. Die Amerikaner befürchteten, dass vielleicht alte Nazis ihnen Gift in ihr Essen mischen könnten. Wenn ich dort vorbei ging und die verführerischen Düfte der zubereiteten Speisen in die Nase bekam, wurde ich fast krank vor Hunger. Hinter diesem Tor lag für mich das Schlaraffenland. Wenn ich abends im Bett lag hatte ich oft Bauchschmerzen vor Hunger. Ehe ich dann einschlief, dachte ich an mein Schlaraffenland und malte mir aus, wie schön das wäre, einmal hinter dieses Hoftor zu gelangen, um mich dort nur ein einziges Mal so richtig satt zu essen. Als ich wieder einmal durch Hackenbroichs Gässchen ging und an der Tür zum „Schlaraffenland" vorbei kam, stand neben dem Wachposten ein Koch, mit weißer Mütze und einer langen weißen Schürze. Die beiden rauchten eine Zigarette und waren in ein Gespräch vertieft. Lange sah ich auf den Koch und malte mir aus, wieviel Essen der wohl heute schon zubereitet hatte. Dann blickte der Mann auf und sah mich an. Ich war, wie alle Stadtkinder, ziemlich unterernährt und sehr blass. Mein Anblick musste den Koch irgendwie berührt haben, sein Gesicht bekam einen mitleidigen Ausdruck. Ich ging schnell weiter, denn ich wollte nicht, dass der Posten und der Koch glaubten, ich würde warten, bis sie ihre Zigarettenkippe wegwarfen, um diese dann aufzuheben. Es gab Kinder, die das machten, aber ich habe das immer als etwas sehr Erniedrigendes angesehen. Ein paar Meter war ich schon weg, da hörte ich hinter mir ein: „Hello Boy." Ich drehte mich um und sah, dass der Koch mir zuwinkte. Ungläubig deutete ich auf mich und sah in fragend an. Er nickte und winkte mir erneut, ich solle zu ihm kommen. Als ich bei ihm war, gab er mir zu verstehen, das ich zu Hause einen Kessel holen solle. Das englische Wort für Kochkessel versteht ein kölscher Junge auch ohne Englisch zu können. Ein „pot" ist in Köln auch ein Pott. Er sagte mir noch, dass ich mich beeilen müsste, und er deutete auf seine Zigarette. Ich verstand, dass er nur noch so lange vor dem Tor stand, bis er die Zigarette ausgeraucht hatte. Die Amerikaner waren dafür bekannt, dass die Kippen sehr lang waren, die sie wegwarfen, und so wusste ich, dass mir nicht viel Zeit blieb. So schnell mich meine Füße trugen, raste ich nach Hause. Meine Mutter schrie erschreckt auf, als ich wie ein Derwisch in die Küche stürzte. Ich zerrte den Vorhang an der Topfbank beiseite, knallte einige kleinere Kessel unsanft auf den Küchenboden und schnappte mir den größten Kochkessel, den wir hatten. Meine Mutter hatte staunend meine Handlungen beobachtet. Als ich nun mit dem Kessel bewaffnet an ihr vorbei sprang, um wieder zu dem Koch zurück zu rennen, konnte sie mir nur ein verblüfftes: „Was ist denn mit dir los? Spinnst du?", hinterher rufen. Doch ich hielt nicht an, sondern schrie ihr nur über die Schulter zu, dass ich ihr alles später erklären würde. Völlig außer Atem und ausgepumpt kam ich an der Tür zum „Schlaraffenland" an. Mir fiel ein Stein vom Herzen, der Koch war noch da. Der Rest seiner Zigarette lag schon qualmend vor ihm auf dem Weg. Gott sei Dank, er hatte auf mich gewartet. Als ich keuchend und nach Atem ringend vor ihm stand, grinste er mich freundlich an. Dann nahm er meinen Kessel, den ich ihm erwartungsvoll entgegengestreckt hatte, und verschwand im „Schlaraffenland". Ich hörte, wie er das Tor sehr sorgfältig hinter sich verschloss. Nun bekam ich es mit der Angst zu tun. Die verschiedensten Gedanken schossen mir durch den Kopf, ob er überhaupt wieder kam? Vielleicht fehlte ihm ja nur ein großer Kochtopf, und er hatte mich nur ausgetrickst, um billig an unseren größten Kessel zu kommen? Dann nach einer, mir endlos erschienenen Zeit, hörte ich, wie sich von innen der Schlüssel wieder drehte. Die Tür öffnete sich, und der Koch kam heraus. Er reichte mir den bis zum Rand gefüllten Kessel. Ich muss ihn wohl mit so dankbaren Kinderaugen angestrahlt haben, dass er mir zum Abschied gerührt über den Kopf strich. Vorsichtig den Kessel balancierend, ging ich so schnell ich konnte nach Hause. Dabei hatte ich immer die gleichen Gedanken: „Du darfst nicht stolpern, du darfst nichts verschütten, du musst mit dem ganzen Essen heil zur Mama kommen." Meine Vorsicht wurde belohnt, ich brachte die kostbare Fracht, ohne auch nur einen Tropfen zu verschütten, nach Hause. Meine Mutter staunte nicht schlecht, als sie mich mit dem Kessel sah. Der

Koch hatte mir einen Erbseneintopf mitgegeben. In der sehr sämigen Suppe war eine Menge in Würfel geschnittener Schinken. Dieses „Wunder aus dem Schlaraffenland" macht uns drei Tage lang satt, glücklich und zufrieden.

*

Doch dann, nach einigen Tagen, mussten unsere neuen Freunde wieder in den Kampf ziehen, ihr kurzer Erholungsurlaub in der Etappe war vorbei.

Sie beluden ihre Fahrzeuge und formierten sie in einer endlosen Kolonne am Straßenrand. Diese Maßnahme dauerte mehrere Stunden, und wir Kinder wieselten zwischen den Fahrzeugen herum. Es war der 14. April 1945. Dieses Datum weiß ich deswegen so genau, weil plötzlich eine große Unruhe unter den Amerikanern entstand. Irgendetwas musste unerwartet passiert sein. Sie riefen sich gegenseitig diese Neuigkeit zu, und immer wieder hörte man dabei das Wort: „Präsident".

Dann stellten sie die Radios, in ihren mit Funk ausgerichteten Jeeps, auf volle Lautstärke, damit die Zivilisten, eine vom AFN in deutscher Sprache gehaltene Nachrichtensendung hören konnten. So erfuhren wir dann, das der amtierende Präsident der USA, Franklin D. Roosevelt, an diesem Tage verstorben war.

Präsident Roosevelt muss bei der kämpfenden Truppe sehr beliebt gewesen sein, denn die Männer wirkten sehr betroffen, und man verspürte allenthalben echte Trauer.

Schließlich setzte sich die Kolonne in Bewegung. Wir Pänz rannten noch eine Weile neben unseren Lieblingssoldaten her. Dann wurde der Konvoi schneller, wir konnten das Tempo nicht mehr mithalten. Traurig mussten wir zurückbleiben und winkten noch einmal hinterher. Die meisten von uns hatten zum Abschied noch Kaugummi, Schokolade oder ein paar Konserven aus ihren Rationskartons erhalten.

Kino im Scala-Theater

Noch am gleichen Tag rückte die nachfolgende Einheit der Amerikaner ein. Die Neuankommenden waren in keiner Weise mit den Soldaten der kämpfenden Truppe zu vergleichen. Zu der Zivilbevölkerung gab es so gut wie keine Kontakte. Offiziere wie auch Mannschaften waren verschlossen und ignorierten die Deutschen mit einer stolzen, an Verachtung grenzenden Abweisung.

Als wir Kinder uns ihnen in der gleichen Unbekümmertheit näherten, wie wir es auch bei ihren Kameraden gemacht hatten, wurden wir barsch und unfreundlich vertrieben.

Es sprach sich schnell rund, dass sich in diesem Tross viele Deutsch sprechende Offiziere befanden. Schnell kam das Gerücht auf, es handele sich um jüdische Emigranten, die nun als Soldaten zurückgekommen wären, um Jagd auf untergetauchte Nazibonzen zu machen. Warum sie alle Deutschen, einschließlich der Kinder, so verachteten, wurde uns dann mit einer einzigen Handlung klar gemacht.

Sie waren schon einige Tage im Ort und keinem Deutschen war bis dahin etwas Böses passiert. Doch dann waren plötzlich überall bewaffnete Trupps auf den Straßen unterwegs. Sie nahmen jeden Deutschen, den sie trafen, mit. Teilweise gingen sie auch in die Häuser und holten die Menschen heraus. Ihre Handlungen waren von einer strengen und unbeirrbaren Sachlichkeit. Es gab kaum einen, den sie nicht mitnahmen, ausgenommen Kinder unter sechs Jahren, gehbehinderte alte Leute oder schwangere Frauen.

Die von bewaffneten Soldaten geführten Menschen kamen aus allen Strassen, schlossen sich zu Gruppen zusammen, die immer größer wurden. Alle diese Leute, ob Erwachsene oder

Kinder, wurden zum Scala Theater geführt, dem größten der beiden Porzer Kinos. Vor dem Kino stand ein riesiger LKW, auf dem sich große Dieselaggregate befanden, die rasselnd und qualmend vor sich hin tuckerten. Immer mehr Menschen wurden in das Lichtspieltheater gebracht und nahmen auf den Stühlen Platz. Die Zivilisten staunten über die helle Beleuchtung im Kino, denn wir hatten ja schon seit vielen Wochen keinen elektrischen Strom mehr. Nun wussten wir auch, warum vor dem Eingang die Maschinen liefen, sie erzeugten den Strom für die nun kommende Vorstellung. Im Inneren des Kinos waren viele Soldaten mit weißen Helmen und Koppelzeug, an denen weiße Schlagstöcke baumelten. Sie trugen Armbinden, auf denen, wie auch auf ihren Helmen, die Buchstaben MP geschrieben waren. Die amerikanische Militärpolizei war mit einem großen Aufgebot präsent und demonstrierte ihre Macht. Sie hatten dafür zu sorgen, dass die zusammengetriebenen Deutschen geordnet ihre Plätze einnahmen und sich ruhig verhielten.

Unter den im Kino eingesperrten Bürgern herrschte eine nervöse Unruhe. Niemand wusste, warum dies alles geschah. Die Soldaten hatten keine der vielen an sie gerichteten Fragen beantwortet, sondern mit kurzem: „Go on", die Leute zum Weitergehen aufgefordert.

Angst griff um sich. Plötzlich liefen Gerüchte blitzschnell von Sitzbank zu Sitzbank. Einige behaupteten, dass man alle Anwesenden in ein Lager deportieren werde. Die Ängste stiegen von Minute zu Minute. Aus den hinteren Reihen hörte man eine laute männliche Stimme: „Vielleicht hatten die Nazis doch Recht und die bringen uns alle um. Die Maschinen draußen können bestimmt auch Gas erzeugen, welches sie nun in das Kino leiten werden"

Unruhe machte sich breit, Frauen begannen zu kreischen und viele der anwesenden Kinder weinten vor Angst.

Kurz bevor die Situation eskalierte und eine Panik ausbrach, öffnete sich der Vorhang vor der Leinwand. Auf der Bühne standen mehrere hohe Offiziere. Einer ergriff das Wort und in akzentfreiem Hochdeutsch gab er den, ihn angstvoll anstarrenden Menschen in unfreundlicher und unpersönlicher Schärfe folgende Erklärung: „Sie brauchen keine Angst zu haben, es passiert Ihnen nichts. Die amerikanische Armee vergreift sich nicht an den Zivilisten der von ihr besetzten Gebiete."

Aus der Anonymität des schon abgedunkelten Saales schrie ein Mann: „In Köln und Dresden waren fast nur Zivilisten, als ihr mit Tausenden Bombern kamt."

Der amerikanische Offizier wirkte ein wenig irritiert, ging aber nicht auf den Zwischenruf ein. Er machte eine kurze Pause, um dann im gleichen unfreundlichen Tone fortzufahren: „Wir werden Ihnen nun einen Film vorführen. In diesem Film werden Sie unvorstellbare Grausamkeiten sehen. Grausamkeiten, wie es sie so noch niemals in der zivilisierten Welt gegeben hat. Dieser Film wird und soll Sie schockieren. Ich bin davon überzeugt, Sie werden das, was Sie sich nun ansehen müssen, niemals mehr vergessen können. Niemand der Anwesenden darf vor Ende des Filmes das Kino verlassen, niemand darf seine Augen verschließen. Ich habe meinen Soldaten den Befehl gegeben mit aller Schärfe auf die Einhaltung dieser Befehle zu achten. Denn Sie alle sollen sehen, was die deutschen Nazis gemacht haben. Was sie vor allem uns Juden angetan haben und wie es unseren Familien ergangen ist."

Mit seinen Worten bestätigte er die Gerüchte, die da sagten, dass alle die Deutsch sprechenden Offiziere der neuen Besatzungstruppen emigrierte deutsche Juden waren.

Die Amerikaner verließen die Bühne und gleich darauf wurde es dunkel im Kino und der Film begann.

Die ersten Bilder zeigten amerikanische Militärfahrzeuge, die sich hohen, mit Stacheldraht umwickelten Toren näherten. Als sich diese Tore öffneten und die Fahrzeuge hineinfuhren, waren sie plötzlich von jubelnden Menschen umgeben. Alle diese Menschen waren in einer fürchterlichen Verfassung. Sie waren so abgemagert, dass sie wie lebende Skelette aussahen. Nie werde ich die Augen vergessen, die wie aus Totenköpfen zu den Befreiern hinaufsahen. Dann folgten die schlimmsten Bilder, die ich je in meinem Leben gesehen habe. Fast zwei Stunden dauerten die Berichte, welche amerikanische Kriegsberichterstatter bei der Befreiung der Menschen in dem größten deutschen Konzentrationslager gefilmt hatten. Diese Filme hatte noch niemand zensiert. Sie zeigten in der ganzen fürchterlichen Realität, was die amerikanischen Truppen dort vorgefunden hatten. Ich musste mir als Neunjähriger all diese Leichenberge und Grausamkeiten ansehen. Das hat mich sehr geprägt, und ich habe viele dieser Bilder heute noch vor Augen.

Die Menschen im Kino waren mehr als nur geschockt. Dass es so etwas gab, hatte vorher keiner der mehr als dreihundert Zuschauer in diesem Saal gewusst. Niemand von ihnen hätte jemals geglaubt, dass es Deutsche geben könnte, die solche Untaten befehlen würden, und dass es sogar Deutsche gäbe, die diese Befehle auch ausführen könnten. Frauen schrien vor Entsetzen, einige wurden ohnmächtig, andere übergaben sich. Doch jedem, der hinaus wollte, brüllten die Militärpolizisten ein „Sit down" zu. Sie gingen auch durch die Sitzreihen. Die Leute, welche ihre Augen zupressten oder ihre Hände vor ihr Gesicht gelegt hatten, stießen sie brutal mit ihren langen Schlagstöcken an und zwangen sie weiter auf die Leinwand zu starren.

Als der Film endlich zu Ende war, ließen uns die Amerikaner unbehelligt wieder nach Hause gehen. Für keinen der Menschen, die in dieser Vorstellung waren, war das Leben wie vorher. Man hatte gewusst, dass es Lager gab, in die man als Gegner der Nazis kam. Man kannte ja Mitbürger, die dort waren. Meinen Großvater hatten die Nazis schon 1933 verhaftet und in den Kölner Messehallen wochenlang eingesperrt und auf grausame Weise verhört. Aber selbst er, der die Nazis abgrundtief hasste, hätte ihnen diese Gräuel nicht zugetraut.

Ja, man hatte Gerüchte gehört, dass den Juden Schlimmes zugestoßen wäre. Dass sie in großen Lagern zusammen mit anderen politischen Gefangenen wären und dort schlecht behandelt würden. Die meisten glaubten jedoch den Gerüchten, man hätte die deportierten jüdischen Mitbürger in Schiffe verfrachtet und sie nach Arabien (in das heutige Israel) abgeschoben. Doch die beiden letzten Stunden hatten ihnen die reale Wirklichkeit grausam klargemacht, und das war eine so furchtbare Erkenntnis, die man kaum verkraften konnte.

Für mich zerbrach an diesem Tag meine Kinderwelt. So lange ich mich entsinnen konnte, hatte ich nur gehört, dass alle Deutschen „Gutmenschen" wären. In der Schule, aus dem Radio, aus meinen Kinderbüchern oder auch sonst hatte ich nur immer gehört und gelesen, wie edel und klug wir wären, dass wir die besten Erfinder, Ingenieure, Musiker und Dichter hätten und weit über allen anderen Nationen ständen. Dieser Film hatte alle meine Ideale zerstört und eine tiefe Scham in mein Herz gebrannt, eine Scham, die ich auch heute noch verspüre.

*

Dann kam der 8. Mai 1945, der Krieg war aus. Deutschland hatte bedingungslos kapituliert.

Die Amerikaner fuhren mit Lautsprecherwagen durch die Stadt und teilten den Kölnern diese neue Situation mit. Endlich war das Morden zu Ende, endlich war wieder Frieden.

08. Mai 1945, der Krieg ist zu Ende. Köln ist nur noch ein Trümmerhaufen.

„Ming herrlich Kölle wie sühß du uss?
Wo sin ding Stroße? Wo stund ming Hus?
Doch bes de och zerschlaje, dat ändert jarnix dran,
dat mer med heißem Hätze vun neuem fangen an,
dat mer med heißem Hätze vun neuem fangen an.“
(Jupp Schmitz, 1946)

Die Zwangsarbeiter auf dem Treck in ihre Heimatländer

Schon wenige Tage später zogen über die Rheinuferstraßen auf der rechten Rheinseite viele Menschen. Sie hatten sich zu Gruppen zusammengefunden und marschierten teilweise stromaufwärts, teilweise stromabwärts. Diese Gruppen bestanden aus Frauen und Männern und hatten sich willkürlich gebildet. Die Trupps variierten von zwei bis zu fünfzig und mehr Personen. Es waren die ehemaligen Zwangsarbeiter aus den westlichen Nachbarländern Holland, Belgien und Frankreich. Sie boten ein ganz anderes Bild als ihre fürchterlich abgemagerten und völlig zerlumpten Leidensgenossen aus Osteuropa. Sie waren gesund, gut genährt und fast so wie wir Deutsche bekleidet.

Die aus den westlichen Staaten verschleppten Menschen waren von den Nazis nicht ganz so menschenverachtend behandelt worden. Der überwiegende Teil von ihnen war deutschen Bauern als Mägde und Knechte zugeteilt worden. Den meisten ging es dort nicht schlecht, vor allem aber brauchten sie nicht den entsetzlichen Hunger wie die Russen, Polen und Ukrainer zu leiden. Viele saßen mit den Hofleuten am selben Tisch und gehörten fast zur Familie. Als sie wieder zurück in ihre Heimat konnten, gab es manch rührende Abschiedszene. Nicht wenige deutsche Mädchen schauten traurig hinterher, als die Franzosen ihr Dorf verließen.

Fast alle dieser Gruppen trugen die Fahne ihres Heimatlandes mit sich, die sie stolz schwenkten. Es waren Fahnen, die sie sich aus Stoffresten und Laken selbst angefertigt und an Zweigen und Bohnenstangen befestigt hatten. Laut und glücklich sangen sie Lieder ihrer Heimat und marschierten in ihrem Takt voran. Marschverpflegung erhielten sie von den Amerikanern. Sie waren, außer wenigen Ausnahmen, nicht aggressiv, sondern winkten den Deutschen, die am Straßenrand standen und ihnen neugierig, staunend nachsahen, freundlich zu.

Die Franzosen zogen den Rhein hinauf und die Holländer und Belgier zogen ihn hinab. Wenn sie sich begegneten, schrien sie sich die Worte Freiheit und Frieden in englisch oder in ihrer Landessprache zu. Alle hatten das gleiche Problem, denn alle mussten auf die andere Seite des Flusses. Darum waren alle von dem einen Wunsch beseelt, endlich etwas zu finden, dass ihnen die Möglichkeit gab, den Fluss zu überqueren.

Die Rheinbrücken waren von Holland bis hinauf zur Schweizer Grenze zerstört. Fähren durften noch keine fahren. Der deutschen Bevölkerung war es in den ersten Nachkriegsmonaten verboten, die andere Rheinseite zu besuchen. Wer ein Boot hatte, durfte weder damit von Köln nach Deutz rudern oder umgekehrt von Poll nach Rodenkirchen paddeln.

Trotzdem gab es Bootsbesitzer, die sich nicht an das Verbot hielten und Flüchtlinge übersetzten. Das geschah meist vor den Stadtgrenzen, weil da die Amerikaner nicht so präsent waren. Es war nicht ungefährlich, denn wenn eins der Schnellboote, welche die Amis auf dem Strom patrouillieren ließen, eine solche illegale Fährfahrt stoppte, wurde das Boot oder der Kahn sofort von den Soldaten beschlagnahmt. Aber nicht nur gefährlich sondern auch recht anstrengend waren diese Fahrten. Es gab ja noch keinen Treibstoff zu kaufen. Man hatte weder Benzin noch Diesel, um einen Schiffsmotor anzutreiben. Nur mit Muskelkraft konnte man den Rhein überqueren. Es musste gerudert werden, gerudert mit vollstem Einsatz, die starke Strömung war nicht leicht zu bezwingen. Die Besitzer eines Kahnes hatten, je nach Größe ihrer Nussschale, einen oder zwei Leute dabei, die beim Rudern halfen. Natürlich beteiligten sich auch die Fahrgäste beim Pullen, aber das Boot musste ja wieder zur anderen Seite zurückgebracht werden, wenn die „Passagiere" übergesetzt waren.

Wegen dieser Strapazen und Gefahren, aber auch weil sie wussten, dass sie in einer Schlüsselposition waren, ließen sich die neuen „Fährleute" dieses Übersetzen gut bezahlen. Das geschah meist mit den Verpflegungsrationen und Zigaretten, welche die Heimkehrer von den Amerikanern bekommen hatten.

Auch am Porzer Rheinufer gab es einige Besitzer von Kähnen, die illegale Fährfahrten machten. Zu ihnen gehörte Lamberts Pitter mit seinen Genossen. Die kassierten auch, so viel wie möglich, von Ihren Kunden, aber Lamberts Pitter hatte sich sein gutes Herz bewahrt und fuhr auch umsonst, wenn die Leute gar nichts mehr zum Tauschen hatten.

In Porz kam zu den Risiken, die eine solche Fährfahrt begleiteten, ein weiteres hinzu. Der Rhein schwingt am Ende der Ortschaft in einem steilen Bogen nach links auf Rodenkirchen an. Die Boote mussten vor Beginn dieser Flussbiegung das andere Ufer erreicht haben. Schafften sie das nicht, trieb die Strömung sie, sobald die Uferpartie vor der Biegung passiert war, sofort wieder in die Flussmitte hinaus. Das, vorher schon fast zum Greifen nahe, Ufer war plötzlich wieder unerreichbar entfernt. Dann musste die Überfahrt abgebrochen und zum rechten Rheinufer zurück gerudert werden. Bei einer Weiterfahrt hätte man erst in Rodenkirchen das linke Ufer erreicht, und dort waren die Pioniere der Amerikaner mit ihren schnellen Booten stationiert.

Sobald die Boote ablegten, wurden sie von der Strömung den Fluss hinabgetrieben. Egal, wie kräftig im Boot gerudert

Mai / Juni 1945, ehemalige Zwangsarbeiter aus Holland, Belgien und Frankreich warten am Deutzer Rheinufer darauf, dass sie in den Booten der amerikanischen Pioniere den Rhein überqueren können.

wurde. So passierte es gar nicht so selten, dass diese letzte Landmarke verpasst wurde. Meist geschah dies, wenn der Kahn überladen war, oder der Wind ihm ungünstig entgegen blies.

Eines Tages war eine größere Gruppe Holländer und Belgier oben auf der Uferstraße vorbeigekommen und hatten gesehen, dass man dort unten übergesetzt werden konnte. Sofort kamen sie den Rheinberg herunter und sammelten sich bei den Fährkähnen. Alle waren so mit den Verhandlungen wegen einer möglichen Überfahrt beschäftigt, dass keiner bemerkt hatte, dass sich ein Boot der Amerikaner näherte. Die Besatzung sah die kleine Menschenansammlung und fuhr heran, um die Situation zu überprüfen. Es war keins der Patrouilleboote, welche Militärpolizisten als Besatzung hatten, sondern ein Landeboot. Es war eins der Boote, die man benutzt hatte, um Soldaten von den Kriegsschiffen an das feindliche Ufer an zu landen. Jetzt wurde es für seinen eigentlichen Zweck nicht mehr gebraucht und als Lastkahn eingesetzt.

Der Bootsmann bugsierte das Schiff ganz nahe an das Ufer heran und beorderte einen Mann an das Maschinengewehr, welches als Bewaffnung auf der Brücke angebracht war. Über ein Megaphon schrie er zu den Leuten am Ufer herüber: „Was ist hier los? Hände hoch und keiner bewegt sich vom Fleck."

Erschrocken fuhren die Menschen herum. Als sie das Schiff und das drohend auf sie gerichtete Maschinengewehr sahen, hoben sie gehorsam ihre Hände.

„Was ist hier los", schrie der Bootsmann erneut.

Dann stieß das Schiff an das Ufer und begann, seine Bugklappe herab zulassen. Mehrere Soldaten, bewaffnet mit Maschinenpistolen, sprangen aufs Land und richteten ihre Waffen drohend auf die dort Stehenden.

Endlich Frieden. US-Soldaten machen Musik auf dem Akkordeon.
Eine ehemalige Zwangsarbeiterin bedankt sich bei ihren Befreiern.

Menschenansammlungen waren von der Militärregierung streng verboten worden, überall hingen Plakate, auf denen diese Anordnung den Deutschen mitgeteilt wurde. Als die Soldaten die große Gruppe sahen, glaubten sie, dass dort ein Aufruhr geplant würde. Die Situation entspannte sich aber schnell, als sie erfuhren, dass es sich um holländische und belgische Staatsbürger handelte, die nur den Rhein überqueren wollten. Nach einiger Diskussion siegte bei dem befehlshabenden Offizier das Mitleid über militärische Sturheit. Er ließ die ganze Gruppe an Bord kommen und brachte sie auf das andere Rheinufer. Er verstieß damit klar gegen die Befehle seiner Generalität. Aber er wollte diesen heimwehkranken Menschen den Weg zu ihren Familien nicht unnötig erschweren.

Dann richteten die Amerikaner einen Fährbetrieb zwischen Deutzer- und Hohenzollernbrücke ein, die beide zerstört im Wasser lagen. Dort wurden, bis zum Bau der ersten Pontonbrücke, die heimwärts ziehenden Ausländer, von der Besatzungsmacht „Refugees" genannt, über den Fluß gebracht.

Kölscher Swing

Außer Kaugummi, Zigaretten und Schokolade brachten die Amerikaner den Kölnern noch etwas mit. Es war etwas ganz Tolles, es kostete nichts und man konnte davon so viel erhalten wie man wollte: es war der Jazz.

Damals gab es noch kein nervendes „Modern Jazz"-Gedudel, sondern nur die traditionelle Jazzmusik, den Dixieland und den Swing mit all ihren wunderbaren und vor allem tanzbaren Melodien.

Wo auch immer amerikanische Soldaten waren, da erklang aus ihren Autoradios heiße Tanzmusik. Es war die große Zeit der Bigbands und so schallten aus den, immer mit großer Lautstärke aufgedrehten, Geräten die Musik von Benny Goodman und Artie Shaw, die damals darum kämpften, wer wohl der beste Klarinettist von ihnen wäre und wer mit seiner Band den Titel „King of Swing" tragen dürfte.

Harry James, der beste weiße Trompeter seiner Zeit und seine Bigband, wechselte sich ab mit Louis (Satchmo) Armstrong und seinen „All Stars".

Man hörte den samtweichen Sound der Dorsey Brüder: Jimmy und Tommy. Aber vor allem waren es die fetzigen Nummern von Glenn Miller, dem Topstar jener Zeit, die immer wieder aus den Radios ertönten.

Die Nazis hatten diese Rhythmen „entartete Negermusik" genannt, und es war in der Zeit ihres Regimes strengstens verboten, diese Musik zu spielen oder ihr zu zuhören.

Viele junge Leute hatten diese Verbote umgangen und heimlich „Feindsender" gehört. Die Radios wurden ganz leise gestellt, man setzte sich direkt vor den Apparat und presste die Ohren an den Lautsprecher. Damit auch nicht der geringste Ton aus der Wohnung drang, wurde zur Sicherheit noch eine Decke über sich und das Radio gebreitet. Ein Zeitzeuge erzählte mir, dass er einmal bei einer solchen Aktion fast aufgefallen wäre. Er hatte unter einer Steppdecke verpackt vor dem kleinen Volksempfänger gesessen, den damals fast jede deutsche Familie besaß. Er lauschte dem Programm von Radio London, dem bekanntesten Propagandasender der Alliierten. Dabei war er von einer heißen Louis Armstrong-Melodie so begeistert, dass er mit den Füßen den Takt geschlagen hatte. Der unter ihnen wohnende Mieter war wutentbrannt hoch gekommen und hatte sich bei seinen Eltern über das Geklopfe mitten in der Nacht beschwert.

Jetzt konnte man diese Musik hören und spielen, sooft man wollte, und sie wurde bei vielen zum Synonym für die neue Freiheit.

Wenn aus den Jeeps die heißen Rhythmen und Synkopen erklangen, bildeten sich immer Gruppen von deutschen Zuhörern. Zumeist waren es junge Leute, die sich begeistert im Takt wiegten und mit den Fingern schnipsten. Dann konnte es vorkommen, dass sich einer der GIs ein kölsches Mädchen schnappte und mit ihr Jitterbug oder Boogie Woogie tanzte. Die jungen Kölner Burschen sahen genau zu und machten es nach. So zog die neue Art zu Tanzen schnell in die Kölner Tanzlokale ein. Wo sich in den endlosen Trümmern der Stadt noch erhaltene, oder nur teilweise zerstörte Säle befanden, hatte man schon kurz nach dem Krieg wieder zum Tanz aufgespielt. Diese Säle lagen zumeist in den Vororten und waren immer gut besucht. So wurde zum Beispiel in dem kleinen Dorf Eil, bei Porz, jeden Tag in mehreren Sälen zum Tanz aufgespielt. Der katholische Pfarrer in Porz fürchtete um das Seelenheil seiner Gemeinde und rief von der Kanzel: „Lasst uns beten für das sündige Dorf Eil."

Die Kölner Jugend tanzt begeistert nach den Swingrhythmen, welche die US-Boys mitbrachten.

Die Menschen sehnten sich nach Entspannung und ein wenig Freude, nach der so traurigen und von dauernder Todesangst bestimmten Vergangenheit. Wer von den jungen Kölnern ein Instrument beherrschte, versuchte diese Musik nachzuspielen. Das ging immer nur nach dem Gehör, denn Noten für diese Musik waren so gut wie gar nicht zu erhalten. Trotzdem gab es bald gute deutsche Swingmusiker, die von den Amerikanern in ihre schnell eingerichteten Clubs geholt wurden. Der blinde Sänger Wolfgang Sauer zum Beispiel war nach dem Krieg ein gefragter Jazzpianist, der in den amerikanischen Militärclubs mit großem Erfolg spielte.

Ebenso war es mit den Texten. Nur ganz wenige waren damals der englischen Sprache mächtig und verstanden die Texte. Nur die Laute, die man hörte, nach zu ahmen beziehungsweise nach zu singen, ohne ihren Inhalt zu verstehen, machte keinen Spaß. Aber der Kölner singt halt gerne, und so entstanden plötzlich, für viele der bekanntesten Titel, Texte in kölscher Mundart. Wie ein Lauffeuer breiteten sie sich in der Stadt aus und wurden von der Jugend begeistert aufgenommen. Zu lange hatte man sie gezwungen, Marschmusik zu hören, jetzt hatte sie ein anderer Rhythmus gepackt. Der zu erst entstandene Grundtext wurde oft verändert, und so sang man in den einzelnen Stadtvierteln oft ganz unterschiedliche Texte zur gleichen Melodie. Die bekanntesten, „eingekölschten" Titel waren: „In The Mod", „Chatanogie Chu Chu", „Sentimentel Juorney" und „Hey Ba Ba Re Bob". Leider sind die Texte heute vergessen. Jeden Zeitzeugen, den ich fragte und dem ich die Melodien vorsummte, erinnerte sich sofort an diese Lieder. Oft hörte ich die Worte. „Jo jenau, dat han mer domols jesunge." Viele stimmten in mein Summen ein und begannen die alten Texte zu singen. Doch nach den ersten Zeilen war meistens Schluss, der Rest war vergessen.

Für die Jugend war der Jazz und hier vor allem der Swing ein Synonym für den Frieden und sie tanzten fröhlich nach diesen neuen Klängen.

Dem Einen oder Anderen fielen noch ein paar Fragmente ein, und sie erinnerten sich auch daran, was die Verse ausdrücken sollten, aber der eigentliche Text war vergessen. Von Hey Ba Ba Re Bob gab es auch einen sehr obszönen Text, seltsamerweise erinnerten sich die Zeitzeugen an diesen, nicht druckfähigen, Text am besten.

Mit diesen Liedern hatte man besungen und angeprangert, was die Kölner damals am meisten beschäftigte: den Hunger, den Mangel an Rauchwaren, die Hamsterfahrten zu den oft hartherzigen Bauern, den Schwarzhandel und das „Fräulein Wunder". Weil ich der Meinung bin, dass diese Texte zur Kölner Nachkriegsgeschichte gehören, habe ich aus diesen Textfragmenten und meinen eigenen Erinnerungen neue Texte geschrieben. Sie entsprechen in etwa dem Inhalt der Originale und drücken genau das aus, was man damals damit sagen wollte.

„Sentimentel Journey"

Musik: Les Brown –
Text: Heinz Monheim /Hubertus Kunze/Volksmund

1.) Stellt Üch för, mer hätte jet zo Rauche,
eine Schachtel Chesterfield.
Bröten keine Selbstzucht mih zo schmauche,
och wie wör dat Levve nett.

2.) Et Billa trok sing allerbestes Kleid an,
dozo ne Turban öm de Hoor.
Fung schnell ne Typ der Chesterfield hat,
och wat wor dat Levve klor.

3.) Nüng Monat späder wood e Kind jeboore,
dat hat ne seltsam schwatze Täng.
Uns Billa kräch jetz öfters rude Uhre,
weil et dä Vatter janit kennt.

4.) Jitz es dat Billa en allerjrößte Sorje,
wat fänk et nor met däm Baby ahn?
Jeit Steinekloppe jede Morje,
wie jähn et jetz ne Kölsche Mann

5.) Dann fung dat Bill ne echte kölsche Räuber,
dä hatt it un och dat Baby jän
Die Drei, die woodten en jlöcklije Familich
Un lävten unger nem jode Stän.

*

„Chattanooga Choo Choo"
Musik: Warren – Text: Heinz Monheim/Volksmund

1.) „Herr Schaffner hallo, Wann fährt dä Zoch zoröck noh Kölle?"
Do säht dä Schaffner: „Sujleich, wenn et met dä Kolle noch reich."
„Herr Schaffner hallo, han se dann noch Platz en däm Zoch do?"
Do säht dä Schaffner: „Leeven Här, wer nit mi ston kann, litt quer."

Refrain
Ja un dann setze mer om Trittbrett, op däm Puffer un om Dach,
han nevven uns die Hamstersäck un halden ne Klaaf,
denn mer fahre heim jetz, denn mer fahre heim jetz,
heim noh unsem schöne Kölle am Rhing.

2.) „Herr Nohber hallo, wat han de Boore Dir jejovve?"
Do sät dä Nohber verschreck: „Paar Ääpel för et Selverbesteck."
„Herr Nober hallo, Do hatt`s winnichstens noch jet zo Tusche,
ich han nit mih vill, villeich dä Oma ehr Brill."

Refrain
Ja un dann setze mer om Trittbrett, op dem Puffer un om Dach.......

3.) „Herr Nohber hallo, wat hälts do vun dä jetzije Zigge?"
Dä Nohber wink af: „Et kumme winnichstens kein Bombe mih eraf."
„Herr Nohber Kopp huh, et kann nor besser wäde,
et fäng jo schon an, met dem Marshall singem Plan"

Refrain
Ja un dann setze mer om Trittbrett, op dämm Puffer un om Dach.......

4.)Dä Schupo dä froch: „Woher han se all dä Krom do?"
Do säht dä Hamsterer janz köhl: „Us mingem Jade en Bröhl."
Dä Schupo dä jrins: „Dann dun se jet en minge Büggel,
dann han ich janix jesin, vun dem Schreberjade – Jewinn."

Refrain:
Ja un dann setze mer om Trittbrett, op dämm Puffer un om Dach.....

∗

102

„Hey ba ba re bop"

Musik: Lionel Hampton – Text: Heinz Monheim/Volksmund

1.)Dä Papp es noch em Kreech,
de Mamm hät et nit leich.
Mer Pänz mer klaue Klütte un spille manche Streich un singe:
Hey ba ba re bop – hey ba ba re bop.
Hey ba ba re bop – hey ba ba re bop.
Hey ba ba re bop – hey ba ba re bop.
Let my Baby go.
2.)De Mamm steit op der Stroß,
un schepp de Trümmere fott.
Mer Pänz fahre mem Schuttbähnsche, un lache uns kapott un singe:

Hey ba ba re bop – hey ba ba re bop.
Hey ba ba re bop – hey ba ba re bop.
Hey ba ba re bop – hey ba ba re bop.
Let my Baby go.

3.)Mer jon op Hamsterfahrt,
däm Boor sing Hätz wor hatt.
Mer kläuten im de Ääpel un wodten noch ens satt, un singe:

Hey ba ba re bop – hey ba ba re bop.
Hey ba ba re bop – hey ba ba re bop.
Hey ba ba re bop – Hey ba ba re bop.
Let my Baby go.

4.) dä Papp kom widder heim,
de Mamm vun Freud janz voll.
Mer Pänz mer mooten en de Scholl un dat wor janit doll un singe:

Hey ba ba re bop – hey ba ba re bop.
Hey ba ba re bop – hey ba ba re bop.
Hey ba ba re bop – hey ba ba re bop.
Let my Baby go.

*

Viele Geschichten gibt es aus dieser „Kölschen Swing Time" zu berichten. Bei meinen Recherchen haben mir die Männer, die damals als blutjunge Musiker erste Kontakte zu diesen neuen Klängen hatten, viele nette und spannende Geschichten berichtet. Nachfolgend möchte ich einige davon weiter erzählen.

„Billy Lorento hätt ene Stich"

Da gab es einen jungen Burschen, der hieß Willi Stich. Er war ein begnadetes Talent, dem die Musik im Blute lag. Er war ein ausgezeichneter Gitarrist, der sich das Gitarrenspiel selbst beigebracht hatte.

In den ersten Nachkriegsjahren gab es sehr heiße, trockene Sommer. Im Sommer 1947 fiel so wenig Regen, dass der Rhein kaum noch Wasser führte, und das Getreide auf den Feldern verdorrte. Es gab eine Missernte, die für das sowieso schon von Hungersnot geplagte Volk besonders furchtbar war.

Aber trotz Hunger, Not und Elend verloren die Kölner nicht ihren Lebensmut. Die Menschen nutzten das schöne Wetter und gingen zum Baden und Sonnen an den Rhein. Wenn Willi Stich mit seiner Gitarre irgendwo am Rheinufer auftauchte, war er gleich von einer großen Menschentraube umgeben, und sie riefen ihm zu: "Kumm Will, spill uns jet för."

Willi Stich zierte sich dann einige Zeit, bis er dem Drängen der Leute nachgab und zu spielen begann. Er kannte alle die heißen Melodien und war wirklich ein ausgezeichneter Musiker und auch ein ganz guter Jazzsänger. Da er etwas Englisch sprach, beherrschte er die Originaltexte ebenso wie die kölschen Reime und brachte sie im Wechsel zu Gehör. Die Zuhörer waren begeistert und forderten ihn zu immer neuen Zugaben auf. Wenn ihm das Gedränge um sich herum zu groß wurde, beendete er sein Konzert, stand auf und ging mit seiner Gitarre, ohne ein Wort zu sagen, ein paar hundert Meter weiter und suchte sich einen neuen Platz. Dort, von keinem Zuhörer bedrängt, begann er dann unaufgefordert erneut zu spielen. Natürlich folgten ihm die meisten seiner Bewunderer und es dauerte nicht lange, bis er dort ebenso umringt von Fans war. Er war ein Außenseiter und seiner Zeit weit voraus. Er redete und verhielt sich anders als seine Zeitgenossen, trug die Haare länger und seine Kleidung wich von den damaligen Normen ab. Viele hielten ihn für ein wenig verrückt und sagten: „Dä Will heiß nit nur Stich, dä hät och ene Stich." Aber sie taten ihm Unrecht, denn er war ein hochbegabter Mensch, der immer wieder neue Ideen hatte. Nur wenige Wochen nach Kriegsende versuchte er sich als Düsenpilot. An seinem Fahrrad hatte er die Kartusche einer Flakgranate befestigt. Diese mehr als 60 Zentimeter lange Metallhülse hatte er sich in einer Flakstellung besorgt, wo sie nach jedem Fliegerangriff massenweise herumlagen. In die leere Hülse hatte er Schwarzpulver gefüllt und die offene Seite bis auf eine kleine Öffnung verschlossen. Er hatte soviel von mit Düsen angetriebenen Fahrzeugen gehört. Nun wollte er mit einem, von einer Düse beschleunigten Fahrrad am Rheinufer entlang brausen. Aus der kleinen Öffnung im Kartuschenboden ragte ein Stück Zündschnur heraus. Die zündete er nun an und bestieg dann schnell das Fahrrad. Angespannt auf das Zischen der abbrennenden Zündschnur lauschend, hockte er auf dem Sattel. Auf den Kopf hatte er sich einen, von den Soldaten weggeworfenen, Stahlhelm zu seinem Schutz aufgesetzt. Dann erreichte die Zündflamme das Schwarzpulver, natürlich ergab sich bei seiner primitiven Konstruktion kein Düsenbrenneffekt, sondern das Pulver explodierte sofort mit lautem Knall. Zu seinem Glück hatte Willi Stich für diesen ersten Versuch nur eine recht geringe Menge des Sprengstoffes eingefüllt, und der Explosionsdruck war nicht allzu groß. Der von Willi befestigte Boden löste sich aus seiner „Brennkammer", und dann flog das Pulvergemisch mit einem Feuerstoß nach hinten heraus. Trotzdem war die Kraft dieser Detonation noch stark genug, um Willi mitsamt seinem Fahrrad in ein Gebüsch am Rheinufer zu katapultieren. Willi hatte mächtigen Dusel und blieb, außer einigen blauen Flecken, unverletzt. Seine düsenangetriebene Radreise war damit schon nach drei Metern beendet und an einen zweiten Versuch wagte er sich nach diesem lebensgefährlichen Fiasko nicht mehr heran.

Später nahm er Musikunterricht und wurde zu einem der besten Jazzgitarristen seiner Zeit. Er gab sich einen Künstlernamen und nannte sich Billy Lorento. Schon in den frühen 50er Jahren spielte er unter diesem Pseudonym in den größten Orchestern Amerikas und war ein begehrter Studiomusiker. Er hatte auch neue Elektrogitarren erfunden und weiter entwickelt. Es wurde damals behauptet, dass er sogar die Patentrechte von einer der damals besten und bei Berufsmusikern sehr beliebten E-Gitarre besitze.

*

Als Günter Eilemann um sein Leben spielen musste

Günter Eilemann, einer der bekanntesten und beliebtesten Kölner Musiker der letzten 50 Jahre, begann sein Solokarriere auch als Swingmusiker in amerikanischen Soldatenklubs. Wenige Monate vor Kriegsende war er Pianist bei dem berühmten Kabarettisten Werner Fink. In Südtirol, in der Nähe von Bozen, leitete Fink eine Frontbühne der deutschen Wehrmacht. Als das Ensemble von den Amerikanern gefangen genommen wurde, dauerte es nicht lange, und der, auch bei den Siegern bekannte, Fink wurde beauftragt, eine Show für amerikanische Offiziere zu veranstalten. Günter Eilemann, der bis dahin Marschmusik, Rheinlieder und Wiener Operettenmusik hatte spielen müssen, war von nun an gezwungen, Jazz und Swing zu spielen. Aber das musste er erst einmal lernen. Nun ja, als Schüler hatte er mit Freunden ein paar mal versucht, die aus dem Radio bekannten Swingtitel der amerikanischen Bigbands nach zu spielen. Aber erstens war das im Dritten Reich verboten, und da sie zum zweiten ja auch keine Noten dieser Stücke besaßen, blieb es bei einigen, doch recht kläglichen Versuchen.

Nun wurde es ernst. Die US-Boys verlangten heiße, gut gespielte Rhythmen. Jetzt kamen Eilemann seine Kenntnis der englischen Sprache und die ihm als Kölner angeborene Eigenschaft, schnell mit fremden Menschen in Kontakt zu kommen, zugute.

Er hatte sich morgens in dem Club, in dem er mit Fink auftrat, an das Klavier gesetzt und versuchte, die Swingtitel zu spielen, die im Moment am beliebtesten waren. Vom Leiter des Clubs hatte er die Noten dafür erhalten (diese Noten sind noch heute im Besitz von Günter Eilemann, für Sammler sind sie eine kostbare Rarität).

Er war ganz in sein Proben versunken und hatte gar nicht bemerkt, dass in seiner Nähe ein amerikanischer Soldat stand und ihm sehr interessiert zuhörte. Er war ein Schwarzer, hieß Sidney und arbeitete in der Küche des Clubs. Er kam aus Chicago. Sid, wie ihn seine Freunde nannten, hatte dort in einer Dixieland-Band als Bassist und Pianist gespielt. Nach einiger Zeit des stillen Zuhörens, bei dem er oft grinsend das Gesicht verzogen hatte, wenn Eilemanns Versuche zu weit daneben gingen, nahm er sich einen Stuhl und setzte sich bei den Deutschen. Eilemann wollte aufstehen, um Platz zu machen, doch Sid grinste ihn freundlich an, klopfte ihm auf die Schulter und sagte: „Bleib hier my friend, Du willst doch lernen, unsere Musik zu spielen. OK, versuchen wir es zusammen."

Eilemann merkte gleich, dass Sid ein recht guter Musiker war, der aber keine Noten lesen konnte. Trotzdem verstand der junge Farbige es, seinem deutschen Kollegen die Tonfolgen und Geschwindigkeiten der im Swing benötigten Spieltechnik nahe zu bringen. Als Sid, nach einigen Stunden intensiven Probens, seinen Job antreten musste, spielten die beiden schon als Abschluss ihrer Arbeit eine vierhändige Fassung des Glenn Miller-Titels: „American Patrol". Werner Fink staunte am Abend nicht schlecht über den guten Drive seines Pianisten und meinte anerkennend: „Mensch Günter, du bist ja ein richtiges Swinggenie."

Im Laufe der Zeit und Dank weiterer Hilfe von Sid, mit dem er sich angefreundet hatte, wurde Eilemann ein guter Swingpianist, der bei den Besuchern des Clubs sehr beliebt war. Die Besucher waren fast ausschließlich amerikanische Offiziere mit ihren deutschen Freundinnen. Man hatte den US-Boys

Günter Eilemann als Swingpianist in amerikanischen Offiziersclubs
und später als Leiter des legendären „Eilemann Trios".

viele Jahre eingeredet, dass alle German Girls grobschlächtige und hässliche Walküren wären. Ohne Sexappeal und ohne Scharm. Nun lernten sie die deutschen Mädchen kennen und stellten fest, wie hübsch die in Wirklichkeit waren. Das war für sie wie ein Wunder. Sie nannten ihre neuen Freundinnen „Fraulein" und so entstand der Begriff „Fräulein Wunder".

Dank der guten Beziehungen, die Werner Fink zu den Amerikanern hatte, wurde das ganze Ensemble sehr schnell aus der Kriegsgefangenschaft entlassen. Nur wenige Tage später erhielt Fink für sich und alle Aktivisten des ehemaligen Fronttheaters einen neuen Vertrag in einem US-Club in Garmisch-Partenkirchen. Das war ein neues, herrliches Gefühl. Von nun an konnten sie sich wieder als normale Bürger bewegen. Sie waren frei, keine „prisoner of war" – Kriegsgefangene – mehr, sondern deutsche Zivilisten, die man für eine Revue-Show verpflichtet hatte. Es gab sogar Gage, die zumeist in Naturalien (Kaffee, Zigaretten) ausgezahlt wurde und mit der man ausgezeichnet „maggeln" konnte. Da Fink und seine Leute noch keine Gelegenheit hatten sich Zivilkleidung zu besorgen, spielten sie auch weiterhin in ihren alten deutschen Militäruniformen.

Im Grunde war alles eigentlich genauso wie es in Bozen war. Eine Änderung mussten die Künstler jedoch mit großem Erstaunen und Unverständnis zur Kenntnis nehmen. In ihrem alten Club war es, so direkt nach dem Krieg, sehr tolerant zugegangen. Farbige und Weiße Amerikaner feierten bunt gemischt, noch ganz gefangen in der Euphorie ihres Sieges über die Deutschen. Hier in Garmisch war das ganz anders. Am Eingang des Clubs, einem beschlagnahmten Hotel der höchsten Kategorie, hingen zwei große, nicht zu übersehende Schilder. Auf dem einen stand in deutscher Sprache, dass der Zutritt für Deutsche verboten sei, mit Ausnahme von weiblichen Personen in Begleitung eines Amerikaners (sonst wäre ja das „Fraulein-Wunder" nicht möglich gewesen). Auf der zweiten, ebenso großen Tafel, stand in Englisch, dass der Besuch nur weißen Amerikanern vorbehalten sei. Für die farbigen US-Boys wurden eigene Clubs eingerichtet.

Günter Eilemann und seine Kollegen merkten verwundert, dass die große Freiheit, von der die Amerikaner so oft und gerne sprachen, in ihrem eigenen Land auch seine Grenzen hatte.

*

Kurz bevor sich Günter Eilemann von dieser Truppe absetzte und aufmachte, um zurück in sein geliebtes Köln zu kommen, erlebte er ein sehr gefährliches Abenteuer, über das er jedoch heute schmunzelnd erzählt:

Eines Abends, vor Beginn der Vorstellung, kam der Offizier, der als Manager den Club leitete und bat das gesamte Ensemble zu einer Besprechung. Er wirkte nervös und druckste eine Weile herum, bis er mit seinem Bericht begann. Er erklärte seinen Künstlern, es waren fast ausschließlich Deutsche und einige Österreicher, dass an diesem Abend ein sehr wichtiger und auch gefährlicher Mann den Club als Gast besuchen würde. Er nannte keinen Namen, sondern sagte immer nur der „General", als er ihnen in äußerst eindringlicher Form erläuterte, dass an diesem Abend keine deutsche oder österreichische Musik gespielt werden dürfe. Außerdem sei es den Künstlern verboten auf der Bühne sich in Deutsch zu unterhalten. „Speak only English", schärfte er, eindringlich, seinen Zuhörern ein. Dann fügte er noch hinzu: „Seid bloß vorsichtig, ihr Krauts, der Kerl spricht nämlich perfekt Deutsch, vielleicht besser als manch einer von Euch."

Die Künstler erfuhren dann, dass es sich bei dem, mit soviel Respekt, ja mit fast angstvollen Tönen, angekündigten Gast um einen hochrangigen Offizier handelte. Er hatte zwar kei-

112

nen Generalsrang, aber war der Generalbevollmächtigte einer wichtigen politischen Mission, der es gerne hörte, wenn man ihn mit General ansprach. Er hatte die besten Beziehungen, die bis in die höchsten Regierungskreise im Weißen Haus reichten. Er war als Leiter einer Kommission eingesetzt, die die Aufgabe hatte, untergetauchte deutsche Kriegsverbrecher und Nazigrößen aufzuspüren und zu verhaften. Aber der „General" war auch bei seinen eigenen Landsleuten gefürchtet, denn er war als erbitterter Deutschenhasser bekannt und drohte jedem amerikanischen Soldaten, der sich mit deutschen Frauen einließ, mit dem Kriegsgericht.

Am Abend traf der „General" mit noch einigen Offizieren seiner Organisation ein und nahm an dem für ihn reservierten Tisch Platz. Der Tisch stand direkt vor der Tanzfläche, nur wenige Meter von der Bühne entfernt.

Der sonst immer zum Bersten gefüllte Club war heute nur mäßig besucht. Die anwesenden Männer saßen ohne ihre deutschen „Fraulein-Wunder" mehr oder weniger gelangweilt herum. Nur einige hochrangige Offiziere, die schon die Erlaubnis hatten, ihre Familien nach Deutschland zu holen, waren in Begleitung ihrer Frauen.

Trotz der gedrückten Stimmung ging auch dieser Abend vorbei. Da keinerlei deutsche Töne zu hören gewesen waren, gab es auch keine Zwischenfälle, und der Clubleiter konnte erleichtert nach einigen Stunden, die mehr oder weniger bezechten, gefährlichen Gäste verabschieden.

Nach etwa drei Wochen war der gefürchtete Nazijäger wieder als Gast im Club. Diesmal war er unangemeldet gekommen. Zwei baumlange, mit Muskeln bepackte farbige Militärpolizisten begleiteten ihn als Bodyguards. An seiner Seite befand sich eine bildhübsche junge Frau mit etwas zu üppig geratenen Kurven. Ihre weiblichen Sexattribute konnte sie in einem engen Abendkleid mit tiefem Ausschnitt nur unzureichend

Eilemann-Trio

Charly Niedieck, Kontrabass   Günter Eilemann   Willy Schweden, Gitarre

verbergen. Dies und ihr langes blondes Haar zog die bewundernden Blicke aller anwesenden Männer geradezu magisch an.

Der Club war wie üblich überfüllt, doch der Manager ließ dem „General" einen Extratisch an die Tanzfläche stellen, an dem der „spezielle Gast" mit seiner Freundin ohne das kleinste Dankeschön, mit unbewegtem Gesicht Platz nahm. Die beiden MPs mussten sich seitlich an der Wand in Sichtkontakt zu ihrem Boss aufstellen, sehr zum Unwillen einiger, in der Nähe sitzenden, weißen Offiziere.

Bevor der „General" sich hinsetzte, hatte er dem Manager erklärt, dass seine Begleiterin eine Russin wäre, er wollte wohl erst gar nicht in den Verdacht geraten, eine Deutsche als Girlfriend zu haben. Da er jedoch die zahlreich anwesenden deutschen Mädchen nicht beachtete, beruhigten sich deren aufgeschreckte US-Galane und rückten wieder an ihre Girls heran, von denen sie sich beim Eintritt des „Generals" hastig abgewandt hatten.

Der „General" war schon fast zwei Stunden in der Tanzbar und schien sich gut zu amüsieren. Dann ließ er plötzlich den Manager holen. Als dieser an seinen Tisch trat, redete er eindringlich auf den nervös wirkenden Mann ein und zeigte mehrmals sehr deutlich auf Günter Eilemann. Der hatte schon bemerkt, dass der „General" ihm sehr viel Aufmerksamkeit schenkte und ihn mit unfreundlicher Miene musterte. Als ihm klar wurde, dass er auch der Grund des Gespräches zwischen dem „General" und dem Manager war, wurde er unruhig und bekam Angst. Obwohl er sich keiner Schuld bewusst war, wurde er nervös und dachte angestrengt nach, ob er wohl etwas Falsches gemacht hätte. Er hatte sich doch nichts zu Schulden kommen lassen, wenn man mal von einigen kleinen Maggelgeschäften absah, die er mit seiner „Gage" bei den Garmischern getätigt hatte. Er hatte dringend neue

Kleidung gebraucht, weil er außer seiner alten Uniform nichts mehr zum Anziehen besaß, und amerikanische Zigaretten waren dazu das allerbeste Zahlungsmittel.

Günter riss sich zusammen, denn er musste sich auf sein Spiel konzentrieren, die kleine Combo spielte gerade den Benny Goodman-Titel „Avalon", in dem er ein schönes Solo hatte. Als das Stück zu Ende war, rauschte starker Beifall auf. Der war noch nicht beendet, als der Manager, flankiert von den beiden MP-Riesen, vor Eilemann stand. Der wurde kreidebleich und überlegte, ob er nicht besser die Flucht ergreifen sollte.

Der Manager winkte ihm beruhigend zu und sagte: „Take it easy Günter. Der General findet deine Musik gut und will, dass du heute Abend bei ihm zu Hause spielen sollst."

Eilemann ist verwirrt und fragt ungläubig: „Was? Heute Abend noch? Wann soll das denn sein?"

„Jetzt Günter, jetzt sofort. Die MP bringt dich in ihrem Jeep dorthin."

„Hat der „General" denn überhaupt ein Klavier?", will Günter noch wissen.

Der Manager grinste den Deutschen an und sagte leise: „Der hat soviel Macht, dass nichts für ihn unmöglich ist. Das wirst du nun gleich sehen."

Dann nickte er den MP Soldaten zu und sagte: „OK, lets go". Die sprangen auf die Bühne, schnappten sich das Klavier und trugen es fort, als wäre es eine Kiste Bier. Eilemann konnte sich gerade noch die darauf liegenden Noten schnappen und dann den beiden Riesen und seinem Klavier hinterher rennen.

Einige Minuten später saß er auf dem Beifahrersitz eines Jeeps, und auf der Rückbank stand das Klavier, das von dem zweiten Polizisten festgehalten wurde. Sie fuhren hinaus nach Grainau, wo der „General" in einer großen und sehr luxuriösen, von der Besatzungsmacht beschlagnahmten, Villa sein Quartier hatte.

Der „General" war schon dort eingetroffen. Er stand im Eingang und erwartete voller Ungeduld den Jeep, mitsamt Eilemann und dem Klavier. Als Sie ankamen, drehte er sich um, ging in das Haus hinein und befahl, mit sehr bestimmender Gestik, ihm zu folgen. Er führte sie in einen riesigen, mit kostbaren Möbeln ausgestatteten Salon. An einer, wie eine Veranda ausgebauten Fensterfront, war der Boden um eine Stufe erhöht. Dort ließ er das Klavier abstellen. Mit einem kurzen, harschen Befehl schickte er die beiden Farbigen aus dem Raum und wies sie an, sich zu dem Jeep zu begeben und auf weitere Befehle zu warten. Er brachte die beiden heraus und Eilemann hörte, dass der „General", bei seiner Rückkehr alle Türen hinter sich absperrte. Dem jungen Kölner wurde es langsam mulmig. Es schienen keine anderen Personen im Hause zu sein, er war nun mit dem Deutschenhasser und seiner Geliebten in der Villa eingesperrt.

Der „General" befahl ihm, an dem Klavier Platz zu nehmen und zu spielen. Als Eilemann fragte, was er zu hören wünschte, sagte er: „So, wie du im Club gespielt hast."

Während Günter mit einem Gershwin-Medley begann, setze sich der General mit seiner Freundin auf ein kleines, in der Nähe des Klavier stehendes Sofa. Das war so platziert, dass der Pianist den beiden den Rücken zuwandte. Nach knapp einer Stunde, dem Musiker gingen schon die Titel aus, kam der General zu ihm und unterbrach sein Spiel. Ohne auch nur einen Hauch von Anerkennung für die gespielte Musik oder Freundlichkeit zu zeigen, herrschte er den erschrocken hochfahrenden Eilemann an: „Kennst du den Radetzky-Marsch?"

Der Angesprochene wurde blass und die Angst schnürte ihm die Luft ab. Er starrte aufgeregt auf den „General". Dessen

Aussehen hatte sich völlig verändert. Stark angetrunken, ohne Jacke mit halbgeöffneten Hemd stand er schwankend vor Eilemann und hielt sich am Klavier fest. Die Haare durcheinander und mit von Lippenstift verschmierten Gesicht war er alles andere als ein schöner Anblick.

Hinter Günters Stirn jagten sich die Gedanken: „Wie sollte er antworten? Der „General" hasste doch alles, was mit Deutschland zu tun hatte. Jetzt sollte er ausgerechnet einen der Lieblingsmärsche der Nazis spielen. Das war bestimmt eine Falle, bei der er geprüft werden sollte ob er ein Nazi gewesen wäre." Er begann zu stottern, wusste nicht, was er sagen sollte. Da wurde er wieder angeschrieen: „Kannst du ihn spielen oder nicht. Ich weiß genau, dass du ihn kennst, denn den Radetzky-Marsch kennt jeder von euch verdammten Deutschen. Trotz seiner immer größer werdenden Angst bemerkte Eilemann, dass der „General" die Worte Radetzky-Marsch in reinstem Hochdeutsch aussprach, und nicht in dem langgezogenen amerikanischen Slang wie er sonst deutsche Begriffe artikulierte. Nun wurde es für ihn zur Gewissheit, dass der Mann aus Deutschland stammen müsste. Er war es satt so voller Verachtung herumgestoßen zu werden und antwortete in Deutsch: „Natürlich kenne ich diesen, von Johann Strauß Vater, geschriebenen Marsch aus der österreichischen Kaiserzeit."

Der General packte ihn mit hartem Griff an der Schulter, dann neigte er sich zu Eilemann hinunter, um ihm auf Englisch zu sagen: „Dann wirst du diesen Marsch jetzt spielen, laut und ohne Pausen und zwar solange, bis ich dir befehlen werde aufzuhören. Wage es ja nicht, vorher Schluss zu machen und wage es nicht noch einmal in meiner Gegenwart Deutsch zu sprechen. Und jetzt fang an."

Eilemann begann, mit harten Anschlägen das Klavier zu malträtieren, um die erwünschte Lautstärke zu erreichen. Aus seinen Augenwinkeln sah er, dass der „General" und seine Freundin in einem Nebenraum verschwanden, dessen Tür sie aber weit geöffnet ließen.

Während er den Radetzky-Marsch rauf und runter spielte, hörte er trotz seines lauten Spieles, die charakteristischen Geräusche, die entstehen, wenn sich zwei Menschen lieben. Diese Geräusche erklangen genau im Takt seiner Musik. Spielte er langsamer, waren auch die akustischen Signale langsamer, spielte er schneller, änderte sich auch der Takt im Nebenzimmer entsprechend. Nach einiger Zeit schallte es plötzlich laut: „Play, play, play." Eilemann haute in die Tasten und vereinigte seine Musik mit dem Fortissimo aus dem Nebenzimmer. Dort wurde es dann ruhig, aber er spielte immer weiter. Die Finger begannen ihm zu schmerzen, doch er wagte nicht aufzuhören. Was war, wenn der „General" keinen Mitwisser seiner Sexspiele haben wollte und ihn irgendwo in einem Militärgefängnis verschwinden ließ. Er könnte ihn ja auch einfach erschießen und dann behaupten, der Deutsche hätte ihn angegriffen. Niemand würde an seinen Worten zweifeln. Außerdem wurde nach dem noch bestehenden Kriegsrecht der Angriff auf einen Besatzungssoldaten mit dem Tode bestraft.

Kurz bevor Eilemann entkräftet mit dem Spielen aufhören wollte, bekam er einen leichten Schlag auf den Rücken. Mit einem Schreckensschrei fuhr er herum. Hinter ihm standen die beiden Militärpolizisten und grinsten ihn freundlich an: „OK Kraut, kannst aufhören. Komm, wir bringen dich zurück in den Club."

Sie schnappten sich wieder das Instrument, und Eilemann verließ mit ihnen die Villa. Er hatte immer noch Angst, das ihm etwas Schreckliches passieren würde, und diese Angst legte sich erst, als ihn seine Begleiter mit dem Klavier im Club ablieferten.

*

Günter Eilemann verließ dann Garmisch. Er hatte Heimweh, er wollte endlich sein geliebtes Köln wiedersehen. Als er nach vielen Abenteuern und Entbehrungen sein Ziel erreicht hatte, stand er in Deutz und schaute entsetzt auf den Dom, der einsam die Trümmer überragte. Er wollte seinen Augen nicht trauen, konnte einfach nicht glauben, was er dort sah. Was hatte der Bombenterror nur aus seiner ehemals so schönen Heimatstadt gemacht. Erschüttert hatte er sich abgewandt und sich die Tränen aus den Augen gewischt.

In Garmisch hatte er von dem Club-Manager Papiere erhalten, die ihm bescheinigten, ein guter Pianist zu sein, der erfolgreich in amerikanischen Clubs gespielt hatte. Mit Hilfe dieser Bescheinigung und seinen guten Englischkenntnissen gelang es ihm, über die erste, von amerikanischen Pionieren auf Pfählen errichtete, Notbrücke den Rhein zu überqueren. Er stand vor dem Nichts. Seine Eltern waren verstorben, seine Wohnung zerstört. Nachdem er sich ein Obdach gesucht und sich ein wenig eingelebt hatte, begann er wieder in den Offizierclubs zu spielen. Später gründete er, zusammen mit Horst Muys(Kontrabass) und Karl Heinz Nettesheim(Gitarre) ein Trio. Er bildete die noch unbedarften Musiker aus und erhielt schon bald die ersten Engagements. Das war der Anfang einer großen Karriere. Seine Mitspieler wechselten, bis er dann in der Besetzung mit Charly Niedieck(Kontrabass) und Willy Schweden(Gitarre) endlich die Partner fand, mit denen er 31 Jahre lang, bis zum Tode von Niedieck, auftrat. In dieser Zeit hatte das Günter Eilemann-Trio großartige Erfolge im Kölner Karneval. Machte als erste Kölner Gruppe Tourneen durch ganz Deutschland, in viele Staaten Europas und tourte auf Kreuzfahrtschiffen um die ganze Welt. Außerdem war Günter Eilemann mit seinen Musikern Dauergast im Funk und Fernsehen.

*

120

Der Swing formt Hans Blum zur Musiklegende

Hans Blum war ein musikbegeisterter und sehr talentierter Mensch. Wegen seiner guten Noten in seinem Lieblingsfach Musik, erhielt er 1942 einen Studienplatz in der Heeresmusik-Schule (HMS). Das war ein großer Glücksfall für den vierzehnjährigen, musikbesessenen Burschen, denn dort waren die besten Musiklehrer des Reiches als Dozenten eingesetzt. Schnell hatte man in der HMS seine Begabung erkannt und ihn entsprechend gefördert. Im Herbst 1944 wurde die Schule leider aufgelöst und alle Schüler als Soldaten an die Front geschickt. Hans Blum hatte Glück, er wurde an der Westfront eingesetzt, überlebte die letzten Kriegsereignisse und geriet unversehrt in amerikanische Gefangenschaft.

Er war in Frankreich in einem riesigen Gefangenenlager eingesperrt worden, in dem bis zu 80.000 deutsche Soldaten zusammengepfercht waren. Mit etwa 800 anderen Gefangenen waren sie innerhalb dieses Camps in einem separaten Lager untergebracht. Das war ein vom Hauptlager vollständig getrenntes Areal, mit einer eigenen Bewachungsmannschaft, eigenen Stacheldrahtzäunen und Toren. Dieses Extracamp hieß ganz offiziell: „Baby Cage" (Kleinkinder-Käfig), denn die 800 „Soldaten", welche in diesem Käfig hausten, waren Jugendliche zwischen 14 und 18 Jahren. Sie waren kurz vor Kriegsschluss von Hitler als letztes Aufgebot eingezogen und zu Kindersoldaten gemacht worden.

Die Amerikaner zeigten Mitleid mit diesen jungen Menschen, darum waren sie in diesem Sonderlager. Die Behandlung war humaner, sie erhielten etwas bessere Verpflegung und Schul-

--- Vor 50 Jahren

Herzlichst Ihr

HANS BLUM

Columbia

unterricht. Die Amerikaner holten aus dem großen Lager Soldaten heraus, die vor dem Krieg Lehrer waren, und die mussten die Jungs unterrichten. Hans war ein cleverer Bursche, als er hörte, dass Lehrer gesucht wurden, meldete er sich ganz kess bei dem Offizier, der das Baby Cage leitete und behauptete, dass er, trotz seiner Jugend schon ausgebildeter Musiklehrer sei. Er hatte selbst nicht mit einer Zusage gerechnet und war darum ganz perplex, als der Captain antwortete: „OK, dann bist du ab jetzt der neue Musiklehrer. Fang gleich morgen mit dem Unterricht an und gründe möglichst schnell einen Chor." Captain Morgan, der in seiner Heimat im Staate Maine selbst in einem Männerchor sang, liebte diese Art von Musik sehr. Hans stürzte sich gleich mit Feuereifer in die Arbeit. Brachte sie ihm doch ein wenig Freude und Abwechslung in dieses qualvolle, von Hunger, Langeweile und Heimweh bestimmte Lagerleben. Chorgesang war ein Lehrfach auf der HMS gewesen, und deshalb hatte er keine Probleme mit seinem neuen Job. Schnell hatte er an die dreißig Burschen, die gute Stimmen hatten, aus dem großen Angebot herausgefiltert und begann mit dem Proben. Ein paar Tage später, er hatte schon schöne Fortschritte mit seinem „Knabenchor" gemacht, fuhr ein riesiger Truck durch das Tor in den Baby Cage hinein. Auf seiner Ladefläche bewachten einige Soldaten einen größeren Gegenstand, der mit einer Plane abgedeckt war. Vor dem Zelt, in dem der Unterricht stattfand, stoppte der LKW. Ein baumlanger schwarzer Sergeant beugte sich aus dem Fenster der Fahrerkabine und brüllte mit einem tiefen Bass: „Wo ist Hans, der Musiklehrer?" Er sprach natürlich seine Muttersprache und so schrie er immer mit kehliger Stimme nach Hänns.

Hans Blum war zu Tode erschrocken. Was konnten die Amerikaner nur von ihm wollen? Er hatte doch gar nichts angestellt. Doch dann überlief es ihn heiß. Vielleicht hatten sie raus bekommen, dass er gar kein Lehrer, sondern nur ein Student war? Er geriet in Panik und wollte sich verstecken. Von draußen hörte er den Sergeanten erneut mehrmals Hänns, Hänns", brüllen. Hans gab sich einen Ruck, was nützte es ihm, wenn er sich versteckte. Wo sollte er in diesem Lager denn hin, nach wenigen Minuten schon hätte man ihn gefunden. Diese sinnlose Flucht würde alles nur noch schlimmer machen. Er rückte seine Uniform zurecht, gab seiner Mütze, dem Schiffchen, einen kecken Sitz, und dann ging er hinaus. Er stellte sich in strammer Haltung vor dem Wagen auf, grüßte militärisch und sagte: „I am Hans." Der Sergeant stemmte die Hände in die Taille und brüllte ungläubig aus dem Fenster:" Du bist Hänns, der Lehrer?" Dann flog die Beifahrertür auf und mit einem geschmeidigen Satz, den man dem Riesen gar nicht zugetraut hätte, sprang der Sergeant aus dem Wagen. Er kam direkt vor Hans auf den Boden und federte den hohen Sprung lässig ab. „Du bist also Hänns der Musiklehrer", wiederholte er. Der junge Deutsche sah erschrocken zu dem schwarzen Hünen hinauf und schrie mit schriller Stimme, aus der man die Angst hören konnte, die ihn befallen hatte: „Yes Sir".

Der Sergeant, der seine Strenge bis dahin nur gespielt hatte, um Hans einen Schreck einzujagen, wechselte seine grimmige Mine. Plötzlich zog ein breites Lächeln über sein Gesicht und sein kräftiges, schneeweißes Gebiss strahlte dem jungen „Lehrer" entgegen.

Der Amerikaner streckte seine Hand aus und sagte zu dem verdutzten Hans: „Ich bin Sergeant Joe. Captain Morgan hat mich und meinen Zug raus aufs Land geschickt, um für dich ein Geschenk zu besorgen."

Hans war immer noch misstrauisch und vermutete einen üblen Trick. Trotzdem ergriff er die ihm entgegengestreckte Hand und fragte ungläubig: „Ein Geschenk für mich?"

Der Amerikaner schüttelte Hans Hand mit kräftigem Druck und schlug ihm mit seiner Linken lachend auf die Schulter. Dann wies er auf die große Kiste, die auf dem Wagen stand und sagte: „Ja ein Geschenk, speziell nur für dich. Da oben steht es." Zu seinen Leuten sagte er: „Packt das Ding mal aus und zeigt es dem German Boy."

Die Männer nahmen die Planen ab, die über die Kiste gelegt waren. Hans riss vor Staunen Mund und Augen auf, denn zum Vorschein kam ein Klavier. Joe gab seinen Leuten den Befehl, das Klavier abzuladen und es im Schulzelt aufzustellen. Er freute sich sichtlich über Hans Verwunderung und Freude über das unerwartete Geschenk. Dann fragte er ihn grinsend: „He Boy, kannst du denn überhaupt spielen?"

Hans nickte: „Yes Sir."

Darauf klappte Joe den Deckel hoch und sagte: „Dann let go."

Hans stellte sich vor das Instrument, und schlug einige Akkorde an. Es war völlig verstimmt und eine Taste fehlte sogar. Er schaute noch einmal zu Joe herüber, der ihm aufmunternd zunickte und erneut sagte: „Let go Hänns."

Hans besann sich auf die HSM und begann eine Beethoven-Sonate zu spielen.

Joe hörte Hans aufmerksam zu. Als dieser sein Spiel beendete, schob er den jungen Deutschen mit einem freundlichen Grinsen zur Seite: „Das war gut Hänns, very good old classic. Aber lass mich jetzt mal dran. Dann erlebst du, wie wir in den Südstaaten spielen." Dann begann er einen Boogie Woogie auf die Tasten zu hämmern. Joe war ein guter Boogiepianist, der in seiner Heimat in einer Band spielte. Trotz des verstimmten Klaviers begeisterte er Hans mit seinem Spiel über alle Maßen. Hans Blum sagt heute: „Als dieser schwarze Künstler sein Spiel beendete, war ich für die klassische Musik verloren und dem Swing verfallen.

∗

Hans Blum und das Hansen Quartett gehörten zu den ersten jungen Künstlern, die in Deutschland den Swing populär machten.
oben: Ingeborg Langrider † – Pajo Giebeler †
unten: Hans Blum – Ingetraut Blum

Joe erzählte Hans später, wie es zu dieser Instrumentbeschaffung gekommen war: Captain Morgan hatte mit Wohlgefallen bemerkt, dass Hans dabei war, einen guten Chor zu schaffen, und er hatte sich gedacht: „Was der Bursche noch braucht, ist ein Klavier." Daraufhin gab er Joe den Auftrag, ein Klavier zu besorgen, egal, wie der das auch immer bewerkstelligen würde. Joe hatte sich mit seinen Männern auf den Weg gemacht und so lange gesucht, bis er in einem Restaurant ein Piano gefunden hatte. Ohne auf die wütenden Proteste seines französischen Besitzers zu achten, hatte er es einfach beschlagnahmt und abtransportiert.

*

Als Hans 1946 aus der Gefangenschaft entlassen wurde, sprach er perfekt Englisch, und das verhalf ihm dazu, sofort in US Militär-Clubs wieder als Musiker engagiert zu werden. Er war dem Swing mittlerweile mit Haut und Haaren verfallen. Es war die Musik, die ihm das Gefühl gab, dass er wieder lebte. Der Swing war von nun an für ihn der Inbegriff der neuen Zeit und eines neuen Lebens in Frieden und Freiheit. Da Hans auch eine gute Stimme hatte, machte er nicht nur Instrumentalmusik sondern hatte auch großen Erfolg als Sänger. Später sang er in verschiedenen Swing-Vocal-Groups, bis er eine eigene Gruppe gründet. Mit den „Norden Sisters", den Schwestern Ursula und Ingetraut Maschke, zwei bildhübschen jungen Mädchen, und Jo Menke gründete er das Hansen-Quartett und spezialisierte sich auf den Satzgesang. Dieses Quartett und das dazugehörende, ebenfalls von Hans Blum geleitete Musikensemble wurden der große Schlager in den US Offizier-Clubs in ganz Europa. Man stellte Hans und seinen Mitspielern sogar ein ausgemustertes Transportflugzeug der US Air Force, samt Besatzung, zur Verfügung. Die DC 3 war eine reine Frachtmaschine und hatte, außer einem kleinen Bullauge in der Tür, keine Fenster, und als Sitze gab es nur an den Seitenwänden angebrachte Metallbänke, ohne jede Polsterung. Da diese Flüge oft Stunden dauerten, brachten sich die Künstler Kissen und Decken mit. Man saß sich gegenüber und im Mittelgang war das Artistengepäck festgezurrt. Mit diesem Provisorium wurden Hans Blum und seine Kollegen überall hin geflogen, wo die US Army stationiert war. Bei den Flügen mussten alle Fallschirme tragen. Vor dem ersten Flug hatte man ihnen kurz erklärt, wie man den Schirm öffnen musste. Danach war einer der Bordbesatzung aus der Türöffnung des am Boden befindlichen Flugzeuges herausgesprungen. Er machte diesen Sprung in den Bewegungsabläufen und in der Haltung, wie man es im Ernstfall oben in der Luft bei einem echten Absprung machen musste. Alle Künstler mussten danach diesen Sprung einmal nachvollziehen und aus der Maschine heraus auf die Wiese hüpfen. Das war dann die abgeschlossene Ausbildung zum „Fallschirmspringer". Dieser eine Wiesenhopser genügte dem „Ausbilder", und er erklärte das gesamte Künstlerteam als flugtauglich. Zum Glück gab es nie einen Notfall, bei dem ein Absprung nötig gewesen wäre, und so brauchte niemand den Beweis anzutreten, ob er wirklich ein guter Fallschirmspringer war.

Hans erreichte mit seinem Ensemble glücklich und wohlbehalten alle Auftrittsziele, egal ob in Italien, Frankreich, England oder wo es sonst auch immer US Militärclubs gab. Wenn man bei diesen Flügen einmal aus der Maschine hinaussehen wollte, um zum Beispiel die Überquerung der Alpen zu bewundern, war dazu eine genau vorgeschriebene Prozedur notwendig: Man musste nacheinander aufstehen, um aus dem Türbullauge, oder über die Köpfe der Crew hinweg, aus dem Cockpit sehen zu können. Das durften immer nur wenige sein, weil sonst das Flugzeug nicht mehr austariert war und instabil wurde. Das brachte den Piloten

Schwierigkeiten mit der Maschine, und sie jagten, mit wilden Flüchen, die „damned Krauts" zurück auf ihre Holzbänke. Natürlich war das nie so ernst gemeint, denn die Künstler verstanden sich ausgezeichnet mit der extra für sie abgestellten Flugzeugbesatzung.

Sie erhielten nun sogar Bargeld als Gage und zwar harte US-Dollars. Diese Gage war sehr gering und wurde ehrlich unter dem Ensemble aufgeteilt, es waren ca. 2,50 $ pro Person und Auftritt, bei freier Kost und Logis. Aber das war ihnen gleich, denn der Hauptgewinn bei diesen Auftritten waren die Lebensmittel und die ausgemusterten US Army-Klamotten, die sie erhielten. Den größten Gewinn aber machten sie mit den Zigaretten, die sie im Überfluss hatten. Zigaretten waren damals eine Ersatzwährung und wurden mit 9 Reichsmark das Stück(!) gehandelt. Mit diesen Dingen waren auf dem schwarzen Markt die besten Geschäfte zu machen. Gemessen an der übrigen Bevölkerung konnten sie ein Luxusleben führen.

So vergingen für Hans die ersten Nachkriegsjahre wie im Rausch. Er hat diese Zeit einmal so beschrieben:

„Es war eine verrückte Zeit, es gab für uns nur die Musik und die musste perfekt sein. Aber wir waren jung und frei und unsere Träume hatten Flügel aus Musik."

Dann ändert sich das Leben für Hans und seine Freunde schlagartig. Er war gerade im wohl vornehmsten US Offiziersclub Europas engagiert. Er spielte im „Teehaus", Hitlers altem Lieblingssitz auf dem Obersalzberg in Berchtesgaden. Während einer Musikpause wurde er von einem deutschen Zivilisten angesprochen: „Herr Blum, ihr Hansen Quartett ist Spitze, hätten sie nicht Lust, in Köln zu spielen?"

Hans überlegte, Köln war schon immer die Stadt, in der er gerne leben wollte, und so antwortete er: „Köln, warum nicht? Aber es muss schon etwas Lukratives sein, was mich dazu bringen soll, unsere Arbeit hier bei den Amerikanern aufzugeben. Der Mann, der sich mit Nils Nobach vorgestellt hatte, war der Chef der in Köln neugegründeten Firma Electrola, einer der größten Schallplattenfirmen jener Zeit. Er bot Hans einen Vertrag als Sänger, Arrangeur, Dirigent und Korrepetitor an. Nachdem Hans durchgesetzt hatte, dass auch sein Quartett in diesen Vertrag eingebunden wurde, nahm er das Angebot an. Das war eine gute Entscheidung, denn mit ihr begann eine Karriere, wie sie in Deutschland wohl einmalig ist. Hans Blum wurde einer der bekanntesten Komponisten und Texter in Deutschland. Alle Titel seiner Kompositionen zu nennen, würde ein Buchkapitel füllen. Ein zweites Kapitel würde gebraucht, um alle Namen der Stars zu nennen, die mit seinen Liedern Weltruhm erhielten.

Darum können hier nur einige seiner vielen Erfolge angeführt werden:

Dreimal gewann er mit seinen Kompositionen die deutschen Schlagerfestspiele: 1966 sang Wencke Myhre „Beiß nicht gleich in jeden Apfel", 1968 war es Siw Malmkvist, die mit „Harlekin" erfolgreich war. Nur ein Jahr später gewann Howard Carpendale mit „Das schöne Mädchen von Seite eins". Hildegard Knef sang „Der alte Wolf", Graham Bonney die „Siebenmeilenstiefel" und Eric Sylvester heimste Goldne Schallplatten mit „Zucker im Kaffee" ein. Alexandra wurde berühmt mit „Zigeunerjunge", usw, usw .

Fand er keinen passenden Sänger für eine seiner Neukompositionen, dann sang er einfach den Titel selbst. Er legte sich ein Pseudonym zu und nannte sich Henry Valentino. Mit den Titeln: „Ich hab Dein Knie geseh`n" und „Im Wagen vor mir fährt ein schönes Mädchen", war er monatelang in den deutschen Verkaufscharts. Er war und ist ein Allroundtalent, ein Komponist, Arrangeur und Sänger, dessen Musik und Texte sich immer auf einem hohen Niveau befanden. Das ist bis heute so geblieben, denn nichts verabscheut Hans Blum mehr als dümmliche Schlager mit schlechter Musik und primitiven Texten.

*

In all den Jahren, die seitdem vergingen, ist er seiner Liebe zu Köln und ihren Menschen treu geblieben. Aber noch jemandem hat er die Treue gehalten. Ingetraut Maschke, Gründungsmitglied des berühmten Hansen Quartetts, wurde seine große Liebe, die er 1956 heiratete. Es wurde für beide ein Bund fürs Leben. Ganz im Gegensatz zu der Glitzerwelt, in der sie lebten, und wo Ehen oft nur Monate hielten, hatte ihre Ehe Bestand und trotzte allen Stürmen ihres abenteuerlichen Lebens. Heute lebt er mit seiner Ingetraut, die immer noch eine zauberhafte Frau ist, der auch die Jahre nichts von ihrer Anmut nehmen konnten, in einem schönen Anwesen auf einer Anhöhe im Bergischen Land. Von ihrem Haus können die beiden, bei klarem Wetter, die Domtürme im Dunst der Ferne sehen.

*

Das war´n die fünfziger Jahre

Text und Musik: Hans Blum
(von ihm als Henry Valentino gesungen)

*Das war`n die fünfziger Jahre, die verrückten fünfziger Jahre,
wir hatten nichts zu verlieren, nicht eine Mark auf der Bank.
Das war`n die fünfziger Jahre, freche Mieder, lockige Haare
Die neu gewonnene Freiheit, der erste Sekt, den man trank.*

*Das war`n die fünfziger Jahre, die verrückten fünfziger Jahre,
das erste klapp`rige Auto, der erste Anzug im Schrank.
Das war`n die fünfziger Jahre, freche Mieder, lockige Haare
Und wieder fröhliche Lieder, dem Himmel sei Dank.*

*Es gab die erste Modenschau.
Und eine Frau war wieder Frau.
Wir haben gelebt, geliebt, gelacht,
und neu entdeckt, was Menschen Freude Macht.
Wir tanzten Fox und Rock`n Roll
Und Elvis wurde zum Idol.
Und Marilyn sah`n wir „schwarz-weiß",
so chic so sweet, ja manche mögen`s heiß.*

*Das war`n die fünfziger Jahre, die verrückten fünfziger Jahre,
noch sah man überall Trümmer, doch in der Luft war Musik.
Das war`n die fünfziger Jahre, die verrückten fünfziger Jahre.
Für alle ein Hoffnungsschimmer, vielleicht der Anfang vom Glück.*

*

Das Festmenü, oder Frau Oppels Weihnachtsmärchen

Der Herbst war durchs Land gezogen, und der Winter hatte Einzug gehalten. Es war noch ein richtiger Winter, mit hohen Minustemperaturen, der Eis und Schnee auch in das zerstörte Köln brachte. Heute war der 24. Dezember 1945, es war Weihnachten. Der erste heilige Abend, den die Menschen wieder im Frieden feiern konnten.

Viele Kölner waren schon wieder zurück in ihre geliebte Vaterstadt gekommen. Die Zahl von 50.000 Einwohnern, die im Mai dieses Jahres noch in Köln lebten, hatte sich schon vervierfacht.

Die meisten dieser Leute waren auf Schusters Rappen heimgekehrt. Als Willi Ostermann 1936 sein wohl bekanntestes Lied „Heimweh nach Köln" schrieb, hätte er es sich kaum träumen lassen, dass nur 10 Jahre später Hunderttausende Kölner seinem Text entsprechend „Zo Foß noh Kölle" gingen.

Nur wenige Wochen nachdem er dieses Lied geschrieben hatte starb Willi Ostermann, und so blieb ihm erspart, zu erleben, wie sein geliebtes Köln in Schutt und Asche versank.

Die Kölner, schon immer dafür bekannt, dass sie sich mit ihrem Schicksal arrangieren können, hatten ihre Stadt nie aufgegeben. Mit dem Mute der Verzweiflung begannen sie sofort mit dem Wiederaufbau und verhinderten so, dass aus Köln eine leere Trümmerwüste und eine Geisterstadt wurde.

Schnell hatten sie sich an die Amis gewöhnt und versuchten mit ihnen zusammen, einen ersten, zaghaften Neuanfang.

Die Zeiten waren hart, Hunger und bitterste Armut prägten das Leben. In den wenigen, noch bewohnbaren Häusern, die zwischen Schuttbergen und ausgebrannten Ruinen stehen geblieben waren, bereiteten sich die Menschen auf das Weihnachtsfest vor. In der Zeit vor diesem unsinnigen Krieg hätten jetzt überall die Weihnachtsbraten in den Öfen gebrutzelt, und köstlicher Bratenduft wäre durch die Treppenhäuser gezogen. Dazu wäre der Geruch von Pfefferkuchen und Spekulatius gekommen und hätte die Vorfreuden der Menschen auf das bevorstehende Fest noch gesteigert. Doch jetzt war alles anders. Die meisten Kölner würden mehr als traurige Weihnachten erleben, ohne Geschenke und ohne jede Freude, in schlecht geheizten, zugigen Elendsquartieren. Der wohl häufigste Wunsch dieser, so sehr vom Schicksal geprüften, Menschen war, sich noch einmal satt essen zu können. So bescheiden dieser Wunsch auch war, er würde an diesem Tag für fast alle ein unerfüllter Traum bleiben.

Trotz dieser so negativen Vorzeichen, sollte eine einsame alte Frau an diesem heiligen Abend ihr persönliches Weihnachtswunder erleben.

Es war schon später Nachmittag an diesem Weihnachtsabend, am Fenster ihrer Dachgeschosswohnung stand eine Frau und schaute hinunter auf die Trümmerwüste, die das Haus umgab, in dem sie lebte. Ihr Fenster, in vier Teilen aufgeteilt, hatte nur noch eine unbeschädigte Glasscheibe, durch die sie hinaussehen konnte. Das Glas war von Eisblumen bedeckt, und sie hatte, um hinaussehen zu können, erst mit ihrem Atem ein Guckloch in die Scheibe hauchen müssen. Die anderen Felder das Fensters waren mit, auf feinen Maschendraht aufgespritztem, Pergamentpapier nur notdürftig abgedichtet. Dieses Drahtpapier war lichtdurchlässig, aber man konnte nicht hindurchsehen. Fälschlicherweise wurde dieses Draht- und Papiergemisch Drahtglas genannt. Es war der einzige Ersatz, den man für die von den Bomben zersplitterten Glasscheiben erhalten konnte. Der Wind pfiff eisig durch die toten Fensterhöhlen der ausgebrannten Ruinen vor ihrem Haus und wirbelte den Schnee empor, der den hässlichen Mauerresten ein wenig Schönheit gab. Der kalte Wind machte auch vor ihrem Notfenster nicht halt und drang durch alle Ritzen. Die Frau fröstelte und zog den selbstgestrickten Schal, den sie um ihre Schultern gelegt hatte, enger zusammen. Es dämmerte, die Schatten wurden länger, und bald würde die Dunkelheit gnädig die trostlosen Ruinen verhüllen. Dann konnte sie das Haus nicht mehr verlassen, das wäre viel zu gefährlich gewesen. Die Straßen, noch von Trümmern bedeckt, waren in der Dunkelheit unpassierbar. Aber auch andere Gefahren lauerten in diesen schwarzen Nächten. Die Not, in der die Menschen leben mussten, war einfach zu groß. Viele hatten keine Kleidung, die sie vor der Winterkälte schützte. Ein Wintermantel war eine Kostbarkeit, und schon viele waren überfallen und ihrer wärmenden Kleidung beraubt worden. Die größte Gefahr bestand zum Glück nicht mehr. Die Zeiten der gewaltsamen Plünderungen waren vorbei, die Stadt war schon ein wenig sicherer geworden. Die Plünderer waren arme Teufel, die man aus ihren Heimatländern verschleppt hatte, um sie in Deutschland als Zwangsarbeiter zu versklaven. Zwölf bis vierzehn Stunden hatten sie an sechs Tagen der Woche schuften müssen. Dafür erhielten sie als Verpflegung trockenes Brot und fettlose Wassersuppen mit ein paar Kartoffeln und Kohlblättern als Einlage. Viele waren gestorben und die, welche überlebten, hatten die ersten Wochen ihrer Freiheit dazu benutzt, sich marodierend und plündernd an ihren deutschen Widersachern zu rächen. Das war ein großes Problem für die Zivilbevölkerung gewesen. Ein Problem, welches die amerikanische Besatzung nicht im Griff hatte. Die Soldaten waren des Nachts in ihren wohlbewachten Camps. Die ehemaligen Zwangsarbeiter waren sich selbst überlassen und nutzten die Nächte in der von keiner Laterne erhellten Stadt, um ihre Raubzüge durchzuführen.

Doch dieses Problem löste sich ganz schnell, als man diese Bedauernswerten in ihre zumeist osteuropäischen Heimatländer zurückbrachte.

*

Die Frau drehte sich mit einem Seufzer um und trat vom Fenster zurück in das Zimmer. Das Guckloch, welches sie sich gehaucht hatte, begann schon wieder zu zufrieren. Sie hieß Agnes Oppel, war einmal Schullehrerin gewesen und hatte schon lange vor dem Krieg ihr Pensionsalter erreicht. Seit vor drei Jahren ihr Mann gestorben war, lebte sie zurückgezogen in dieser Dachwohnung. Kinder hatten sie keine gehabt, und so war sie jetzt alleine und sehr einsam. Die Dämmerung war schon so weit fortgeschritten, dass es fast dunkel im Zimmer war. Sie entzündete die einzige Petroleumlampe, die sie besaß, und der gelbe Schein des Lichtes brachte ein wenig Wohnlichkeit in das nur unzureichend geheizte Zimmer. Das Feuer im kleinen Kohleherd, auf dem sie auch kochen musste, war fast verloschen. Vorsichtig legte sie einen Scheit Holz auf die verbliebenen Glutreste. Diese, von ihr selbst mühsam aus den Trümmern gesuchten Holzstücke, waren der einzige Brennstoff, den sie besaß. Ihr Vorrat war nur noch gering. Man fand nichts mehr, zu viele suchten die Trümmer nach brennbaren Dingen ab. Darum musste sie sehr sparsam damit umgehen, und es war alles andere als weihnachtlich, wohlig warm in ihrer Stube.

Sie stellte die Lampe so auf den Tisch, dass ihr Schein auf die Anrichte fiel, in der sie ihre Lebensmittelvorräte aufbewahrte.

Die Einsamkeit in der sie lebte, hatte es mit sich gebracht, dass sie oft Selbstgespräche führte.

„Nun denn, Agnes", sagte sie zu sich selbst. „Dann wollen wir doch einmal sehen, was es heute hier für ein weihnachtliches Festessen geben wird."

Sie öffnete die Türen ihres Vorratsschrankes und holte alles, was sie noch an Lebensmitteln besaß, heraus und legte es auf den Tisch.

Was dann, von der flackernden Petroleumfunzel beleuchtet, auf dem Tische lag, würde wohl kaum für ein weihnachtliches Festessen ausreichen.

Ein kleiner Kanten Brot, ein noch etwa halbvolles Glas selbst gemachter Stachelbeermarmelade, die ohne Zuckerzusatz eingekocht war und dementsprechend schmeckte, eine Zwiebel und fünf fettarme Bouillonwürfel. Dazu kam eine Packung, in der sich noch ein paar Gramm Margarine befanden, und ein Döschen mit Sacharinwürfeln.

Eine Weile schaute Agnes Oppel wie verloren auf ihre „Vorräte", dann gab sie sich einen Ruck und löste sich aus der Verzweiflung, in die sie abzugleiten drohte. Um sich wieder ein wenig Mut zu machen, sagte sie laut: „Stell dich nicht so an, Agnes. Die anderen Menschen hier in Köln haben auch nicht mehr." Mit einem bitteren Tonfall fügte sie hinzu: „Ausgenommen die Schieber und Schwarzhändler."

Plötzlich fiel ihr ein, dass im Keller noch ein Glas Kirschen war, welches ihr eine Kusine aus der Eifel im Sommer geschenkt hatte.

Als echte Kölsche ließ sie nicht so schnell den Kopf hängen, und in einem Anflug von Galgenhumor stellte sie sich in Gedanken ihr Festessen zusammen.

„Also gut", dachte sie, "dann gibt es heute Abend ein mehrgängiges Menu. Als Vorspeise eine garantiert fettfreie Bouillon, um die schlanke Linie nicht zu gefährden." Dabei strich sie sich über ihren überschlanken, vom vielen Hungern ausgemergelten Körper.

„Wenn ich dann meine letzte Zwiebel ausbrate und der Bouillon zufüge, werde ich diese Vorspeise französische Zwiebelsuppe nennen. Dann kommt schon das Hauptgericht:

saure Kirschen, von meinen geizigen Verwandten mit Sicherheit ohne Zucker eingekocht.

Aber mit Sacharin gesüßt, werden sie mir ausgezeichnet munden. Wenn ich dann noch Hunger habe, so werde ich mir einen köstlichen Nachtisch bereiten. Der wird aus einer Scheibe trockenen Brotes, belegt mit delikat, saurer Stachelbeermarmelade bestehen."

Sie musste selbst ein wenig über ihren Sarkasmus lächeln und sagte sich: „Nun ja, wenigstens habe ich meinen Humor noch nicht verloren."

Ehe sie vorhin an das Fenster gegangen war, hatte sie, weil doch heute Heiligabend war, ihr bestes Kleid angezogen und die warme Stola, die ihr Mann ihr einmal gekauft hatte, um die Schultern gelegt. Sorgfältig hängte sie die Stola nun über einen Stuhl und zog sich eine Kittelschürze über ihr Kleid. Sie nahm die Lampe vom Tisch, schraubte den Docht eine Winzigkeit höher und ging in das Treppenhaus, um sich das Glas mit Kirschen aus dem Keller zu holen. Eine Hand am Treppengeländer, in der anderen die Lampe, tastete sie sich vorsichtig die engen, ausgetretenen, hölzernen Treppenstufen hinunter. Sie war so damit beschäftigt, in dem flackernden Licht die Treppe, ohne zu stürzen, hinabzusteigen, dass sie gar nicht bemerkt hatte, welch verführerischer Duft durch das Treppenhaus zog. Doch als sie sich dann der ersten Etage näherte, in der die Kriegerwitwe Sophie Frebel mit ihrer erwachsenen Tochter Elsbeth und ihrem 13 jährigen Sohn Karl lebte, traf dieser Duft, in seiner ganzen Intensität, auf ihre Nase. Dieser Geruch ließ ihren, vom Hunger geschwächten, Körper rebellieren. Ihre Eingeweide verkrampften sich, und es war ihr, als ob sie einen Fausthieb in den Magen bekommen hätte.

Aus der Wohnung der Frebels roch es verführerisch nach gebratenem Geflügel. Dieser köstliche Duft ließ ihren, schon vorher bohrenden Hunger, in das Unermessliche steigen. Ein

Schwindel überfiel sie, und sie musste sich an die Hauswand lehnen, um nicht ohnmächtig zu werden. Ein Weile blieb sie stehen, um wieder zu Kraft zu kommen. Als sie sich ein wenig erholt hatte, setze sie ihren Gang hinunter fort. Sie öffnete die Kellertür, die sich seitlich unter dem letzten Treppenlauf befand und so das Treppenhaus vom Keller trennte. Sofort schlug ihr ein modrig, feuchter Geruch entgegen. Oh wie sehr hasste sie diesen Geruch, denn er erinnerte sie deutlich an die schlimmste Zeit des Krieges. Hier unten hatten sie und die anderen Hausbewohner Schutz vor den furchtbaren Bombenangriffen gesucht, die von den Alliierten Tag und Nacht auf Köln geflogen wurden. In einem kleinen, mit Balken abgestützten Verließ war ihr Luftschutzraum gewesen, in dem sie betend und vor Todesangst weinend ausgeharrt hatten.

*

Ehe sie die feuchten und glitschigen Stufen der Kellertreppe betrat, stellte sie den Docht ihrer Lampe noch ein wenig höher, denn sie kam nun in absolute Finsternis. Hier unten hatte jede Mietpartei einen kleinen, mit Lattenwänden abgeteilten Verschlag. Die Latten waren im Abstand von einigen Zentimetern auf Querhölzer aufgenagelt und so konnte man in alle diese Parzellen hineinsehen. Ihr kleiner Kellerraum lag direkt neben dem der Familie Frebel. Sie öffnete das Vorhängeschloss an der Lattentür, ging hinein und stellte ihre Lampe auf ein Regal. Ihr Licht beleuchtete den Schrank, in dem neben vielen leeren Einmachgläsern auch das Glas mit den Kirschen stand. Der Schein der Lampe fiel aber auch in den danebenliegenden Verschlag der Frebels. Sie beeilte sich, nahm sich schnell die Kirschen und wollte sofort wieder in ihre Wohnung hinaufgehen. Sie fürchtete sich hier unten und wollte diesen ungastlichen Bereich schnellstens wieder verlassen. Während sie sich umwandte, fiel ihr Blick zufällig in den

Nebenraum. Was sie dort sah, verschlug ihr fast den Atem. Erst der Duft im Treppenhaus und nun dies hier, sie traute ihren Augen nicht. Etwa einen Meter von der Trennwand entfernt , stand ein aus Weidengerten geflochtener, runder Korb. „En 25 Kilo Mang" wurden solche Körbe in Köln genannt. Die Mang war mit Kartoffeln gefüllt, die im Lampenlicht gelb, golden zu Frau Oppel hinüberstrahlten. Der Korb war übervoll, die Kartoffeln waren hoch über den Rand aufgeschichtet. Zwei waren von diesem kleinen Kartoffelhügel abgestürzt und lagen nun, zum Greifen nahe, vor den Latten, welche die beiden Keller teilten. Es waren richtige Prachtexemplare, dicker als eine Männerfaust und ohne jeden Makel. Das war zu viel für Agnes Oppel, der Hunger rumorte in ihren Därmen und während sie wie hypnotisiert auf die Kartoffeln starrte, wurde sie von einer wilden Gier erfasst.

Sie wusste genau, woher diese Kostbarkeiten kamen, in denen die Frebels seit einiger Zeit schwelgen konnten. Die Elsbeth hatte einen neuen Freund. Das war ein gut aussehender blonder Bursche mit einer guten Figur. Er hieß Robby und sollte ein berühmter Gangster sein. Einer jener tollkühnen Autospringer, die auf fahrende LKWs sprangen und diese während der Fahrt ausraubten. So hatte es ihr wenigstens die Frau Sanner aus dem Nachbarhaus hinter vorgehaltener Hand zugeraunt. Seit Robby mit Elsbeth liiert war, roch es oft verführerisch nach echtem Bohnenkaffee und Essensdüfte zogen durch das Haus, welche einem den Magen knurren ließen.

Frau Oppel starrte weiter wie gebannt auf die Kartoffeln, dabei sank sie langsam auf ihre Knie und ihre Hände verkrampften sich um je eine Latte. Da gab es einen lauten Knacks, plötzlich konnte sie die Latte, um die ihre rechte Hand gekrallt war, hin und her bewegen. Der Nagel, mit dem sie befestigt gewesen war, hatte jahrelang in der feuchten Luft des Kellers vor sich hin gerostet. Nun war er durch den

Druck der Hand abgebrochen und die Latte ließ sich wie das Pendel einer Uhr bewegen. Ohne dass ihr bewusst wurde, was sie tat, schob die Frau ihren Arm so weit durch die nun verbreiterte Öffnung, bis sie die Kartoffeln berühren konnte. Fast liebevoll schlossen sich ihre Finger um eine der Kartoffeln. Dann ging alles ganz wie von selbst, zwei rasche Griffe und die Früchte ihrer Begierde lagen neben ihr. Sie stand auf, steckte ihre „Beute" in die weiten Taschen ihrer Schürze, dann ergriff sie Lampe und Einmachglas. So rasch es ihr schwacher Zustand zuließ, ging sie hinauf in ihre Wohnung. Als sie an der Türe von Frebels vorbei kam, packte sie die Angst, es könnte jemand herauskommen und die Kartoffeln in ihrer ausgebeulten Schürzentasche entdekken. Aber sie hatte Glück, unbemerkt erreichte sie ihre Wohnung. Sie konnte an nichts anderes mehr denken, als an duftende Pellkartoffeln, die dampfend auf einem Teller vor ihr lagen. Sie sah es genau vor sich, wie sie sich daran machte sie mit der Gabel zu zerteilen, Salz darüber zu streuen und dann mit ein wenig Margarine das Festessen zu komplettieren. Endlich würde sie sich nach langer, langer Zeit wieder ein mal satt essen können. Die beiden gold-gelben Prachtburschen würden ausreichen, um ihren Hunger zu stillen. Sie setzte sich an den Tisch, legte die Kartoffeln vor sich und sah, nein starrte sie unentwegt an. Niemand sollte ihr jetzt noch ihren wertvollen Schatz wegnehmen, sie durfte ihn keine Sekunde mehr aus den Augen lassen. Ohne hinzusehen, versuchte sie, aus dem Schrank hinter ihr einen Kessel herauszuholen. Als sie den Kochkessel ergriffen hatte und ihn zu sich herüberziehen wollte, konnte sie ihn nicht festhalten. Er glitt ihr aus der Hand und Kessel und Deckel rollten laut scheppernd über den Küchenboden. Die lauten Geräusche rissen sie aus ihrem traumatischen Zustand und langsam löste sich der, einer Trance ähnliche Krampf, in den sie ihr Hunger hatte fallen lassen. So nach und nach wurde sie wach und begann wieder klar zu denken. Brennende Scham trieb ihr das Blut ins Gesicht und ihr Herz begann zu rasen. Was hatte sie gemacht, sie, die sich nie im Leben etwas zu schulden hatte kommen lassen, war zur Diebin geworden. Zu einer Diebin der übelsten Sorte, die so gemein war, dass sie ihre Nachbarn bestahl. Dabei waren die Frebels immer freundlich und hilfsbereit zu ihr gewesen. Karl trug ihr das Brennmaterial oder andere schwere Sachen hoch. Als sie krank war, hatte seine Mutter sie mehrmals besucht, um bei ihr nach dem Rechten zu sehen, und Elsbeth hatte ihr in dieser Zeit die Treppe geputzt. Nun hatte sie diese Menschen bestohlen. Vor Entsetzen schlug sie die Hände vor das Gesicht und begann zu weinen. Nach einer Weile war ihr mit aller Deutlichkeit klar geworden, dass sie mit dieser Tat nicht leben konnte. Sie riss sie sich zusammen und trocknete ihre Tränen. Entschlossen stand sie auf, stopfte ihr „Diebesgut" zurück in ihre Kitteltasche und ging, so schnell es ihr geschwächter Zustand zuließ, in den Keller hinunter. Wieder kam sie, zu ihrer großen Erleichterung, ungesehen an Frebels Wohnungstür vorbei. Sie schob die bewegliche Latte zur Seite und legte die Kartoffel an ihren alten Platz. Dann öffnete sie den Werkzeugschrank ihres verstorbenen Mannes. Der war noch immer so tadellos aufgeräumt, wie ihn ihr Mann hinterlassen hatte, darum fand sie auf Anhieb Hammer und Nägel. Sie kniete sich vor die Trennwand und begann mit energischen Schlägen einen Nagel durch die lose Latte in das Querholz zu schlagen, bis diese wieder unverrückbar fest war.

Laut hallten die Schläge durch das stille Haus und der Lärm drang bis in die Küche der Frebels.

Sophie Frebel hatten die Hammerschläge erschreckt und neugierig gemacht. Sie trat vor ihre Wohnungstür, um nach der Ursache des Lärmes zu forschen. Erstaunt sah sie auf die alte Frau, die schwer atmend die Treppe heraufkam: „Frohe

Weihnachten, Frau Oppel, wat maat er dann für ene Krach am hellije Weihnachtsovend? Eß alles in Ordnung bei inne, oder bruchen se Hilf?"

„Nein danke, Frau Frebel, bei mir ist wieder alles in seiner richtigen Bahn. Bis eben hatte ich ein großes Problem. Ein Problem, in welches ich mich selbst hineingebracht hatte. Aber ich hatte auch die Kraft, es selbst zu lösen, und jetzt habe ich meinen Seelenfrieden wieder. Jetzt ist wieder alles im Lot, ich werde auch die Ruhe hier im Haus nicht mehr stören."

„Dann es et jo jot. Ävver se wisse jo, wenn mer künne, helfe mer jän."

„Das weiß ich, Frau Frebel. Das haben sie mir schon mehr als einmal bewiesen, und ich bin dafür auch sehr dankbar."

„Dat brucht ihr ävver nit, mer wolle kein Dankbarkeit, mer mache dat jän un sin einfach fruh, wann mer inne helfe künne."

Frau Oppel trat einen Schritt vor und umarmte die Frau Frebel kurz, ehe sie sagte: „Ich wünsche ihnen und ihrer Familie ein frohes und gesegnetes Weihnachtsfest." Dann drehte sie sich um, damit die Nachbarin nicht ihre Rührung bemerken sollte und begann die Treppe hinaufzusteigen. Während Frau Frebel zurück in ihre Wohnung ging, zog sich Agnes Oppel mühsam am Geländer die Stufen hoch. Erschöpft und nach Luft ringend erreichte sie ihre Wohnungstür. Die letzte halbe Stunde war doch ein wenig viel für sie gewesen und jetzt war sie am Ende ihrer Kraft.

*

Nachdenklich kam Mutter Frebel zurück in ihre Wohnküche: „Dat wor die ahl Frau Oppel, die dä Krach jemaht hätt, die weed doch nit anfange wunderlich zo wäde.

Elsbeth und Robby deckten gerade den Tisch. Karl saß schon erwartungsvoll auf seinem Platz. Die Gans im Backofen war gar, das Weihnachtsessen konnte beginnen.

Frau Frebel nahm sich die Tranchierschere und ging zu der Gans, die Robby aus dem Bratkessel gehoben und auf ein Holzbrett gelegt hatte. Doch sie begann noch nicht, den Vogel zu zerteilen, sondern stand wie abwesend vor dem Tisch.

„Loß jonn Mama", meldete sich Karl, dem das Wasser im Munde zusammenlief, „wodrop waatste dann noch?"

„Ich üvverläje die janze Zigg, wat die Ahl am hellige Ovend em Keller zo kloppe hätt. Se ess jo e ärm Dier. Se ess janz allein op der Welt, et jit kei Minsch, dä sich öm se kömmert. Se kann einem wirklich leid dun." Sie seufzte, und während sie begann die Gans zu zerteilen, fügte sie leise hinzu: „Un vill zo Esse hät die bestemb och nit."

Karl, der von dem gesunden Hunger eines Heranwachsenden getrieben jede Bewegung seiner Mutter mit gierigen Augen verfolgte, sagte: „Hör e mal Mama, waröm dunn mer se dann nit zom Esse inlade. Mer han doch mieh als jenoch. Un dat Beßje wat en su ahl Fräuche iß, fällt doch janit en et Jewech."

„Der Junge hat Recht", unterstützte Robby Karls Vorschlag und fügte lachend hinzu, „und wenn wir nichts mehr haben, bringe ich neue Lebensmittel mit."

Da auch Elsbeth sich mit den Worten einverstanden erklärte: „Sach jo, Mama, loß mer die ärm Ahl erunderholle, et dät mer nit richtich schmecke, ich möt immer dran denke, dat se allein do bovven setz und am hungere es."

Frau Frebel, froh über die einhellige Entscheidung ihrer Kinder, sagte erleichtert: „Mingetwäje, mer es dat och räch. Dann jank erop Elsbeth, un holl se. Ävver iel dich, et Esse es fädich."

Elsbeth lief hinauf in das Dachgeschoss und, weil sie sich in dem dunklen Treppenhaus fürchtete, nahm sie ihren Robby mit.

Frau Oppel, die wieder grübelnd vor ihren „Vorräten" saß, fuhr erschrocken zusammen, als es an ihre Wohnungstür klopfte. Sie ergriff ihre Lampe und öffnete vorsichtig die Tür.

Als sie Elsbeth und Robby erkannte, wurde sie von Angst gepackt und viele Gedanken jagten durch ihren Kopf. Ob die Frebels gemerkt hatten, dass sie an deren Kartoffeln war? Sie hatte sie doch zurückgelegt und den Diebstahl wieder rückgängig gemacht. Aber was sollte das Mädchen sonst von ihr wollen und warum hatte sie ihren neuen Freund mitgebracht? Der sollte sie bestimmt einschüchtern, weil er ja ein berüchtigter Gangster war. Doch dieser freundliche, gutaussehende junge Mann konnte doch unmöglich ein böser Mensch sein. Aber warum waren sie heraufgekommen? Außer der Sache mit den Kartoffeln war sie sich keiner anderen Schuld bewusst.

Der Schrecken und die Angst gingen schnell vorbei, als sie den wirklichen Grund erfuhr, warum die beiden hochgekommen waren. Während die Vorfreude auf Gesellschaft und auf ein gutes Essen ihr das Herz öffneten, sagte sie jedoch, dass Weihnachten ein Familienfest sei, welches sie nicht stören wolle.

Schnell hatte Elsbeth Frau Oppels nur halbherzig vorgebrachte Einwände beiseite geräumt.

Die ließ sich dann auch nicht mehr lange bitten. Sie zog ihre Kittelschürze aus, zupfte ihr Sonntagskleid in die richtige Form, fuhr noch einmal mit ihren Händen durch ihr Haar und dann gingen sie zusammen hinunter.

*

Es wurde für Frau Oppel das schönste Weihnachtsfest, das sie nach dem Tode ihres Mannes erlebte. Aber auch die Frebels hatten Spaß an ihrem Besuch. Die alte Dame war geistig noch ganz fit, dazu war sie eine gute Erzählerin, die mit besinnlichen und lustigen Geschichten ihre Gastfamilie trefflich unterhielt.

Als Elsbeth und Robby sie nach gut zwei Stunden wieder hinauf zu ihrer Wohnung brachten, war sie so glücklich und zufrieden, wie sie es schon seit langer Zeit nicht mehr gewesen war. Endlich, war sie wieder einmal satt geworden und würde heute beim Einschlafen nicht von einem knurrenden Magen gestört werden. Frau Frebel hatte ihr so viele Essensreste mitgegeben, dass sie bestimmt auch noch am ersten und zweiten Weihnachtstag satt werden würde.

Als Robby und Elsbeth die mitgebrachten Schüsseln auf ihren Küchentisch stellten, hatte sie die beiden dankbar umarmt. Dann hatte sie auf ihre eigenen „Vorräte" gewiesen, die noch auf dem Tisch standen, und hatte verschmitzt lächelnd gesagt: „Dann gibt es das großartige Menue, welches ich mir für heute Abend zusammengestellt hatte, nächste Woche als Sylvestermenue.

*

Als sie vorhin durch das Treppenhaus gegangen waren, schien es, als ob ein Weihnachtsengel die drei Menschen begleitet hätte. Ein Engel, der allen ein wenig Freude und Hoffnung in ihre Herzen lenkte. Hatten die Frebels doch an diesem ersten heiligen Abend, den man in Frieden erleben konnte, bewiesen, dass es die Nächstenliebe noch gab und sie nicht wie so vieles andere dem Krieg zum Opfer gefallen war.

Vielleicht war es der Engel gewesen, der die Kartoffeln auf die Erde hatte fallen lassen und der den rostigen Nagel abbrechen ließ. Da alles im Leben einen Sinn hat, war dies vielleicht eine Prüfung für Agnes Oppel und die Familie Frebel gewesen, die allen Beteiligten ein großes Stück ihrer Selbstachtung wieder zurückgebracht hatte. Die Frebels hatten ihren Überfluss geteilt und Agnes Oppel hatte der Versuchung wiederstanden, die sie zur Diebin gemacht hätte.

*

Nur für Karl endete der Abend nicht ganz so vollkommen. Als sich Frau Oppel von ihm verabschiedete, hatte sie gesagt: „Ihr armen Kinder habt ja nun schon mehr als anderthalb

Jahre keine Schule mehr. Liebes Karlchen, du weißt ja, dass ich früher Lehrerin wahr. Wenn du willst, kannst du im neuen Jahr zu mir heraufkommen. Dann werde ich dir gerne ein wenig Unterricht geben. Ich denke dabei an Rechnen und Rechtschreibung. Dann hast du es nicht so schwer, wenn die Schule wieder anfängt, und bist den anderen Kindern weit voraus.

Während Karl nicht gerade erfreut, sondern mehr skeptisch auf ihre Worte reagierte, hatte seine Mutter dieses Angebot begeistert aufgenommen.

„Dat es jo wunderbar, Frau Oppel, liere kann mer nie jenoch. Glich noh Neujohr schecken ich dat Pöschje noh inne erop."

Dann war sie mit hinausgegangen, um ihren Gast zu verabschieden.

Karl war alleine in der Küche zurückgeblieben und maulte vor sich hin: „Vun wäjen Karlchen, wenn ich dat hüre, bin ich ald bedeent. Ich heiße Karl. Ävver wat dat dollste es, als Dank dofür, dat mer die Ahl op minge Vürschlach hin enjelade han, muß ich jetz bei der en de Schull jon. Wenn ming Fründe en dä Trümmere spille, muß ich Rechne un Schrieve lihre."

*

Hamsterer un Bure

Ja, die Hamsterfahrer und die Bauern, das ist ein besonderes Kapitel in den Hungerjahren vor der Währungsreform von 1948. Fragt man heute junge Menschen nach dieser Zeit, so ist erstaunlicherweise bei fast allen ein Restwissen vorhanden. Meistens lautet die Antwort: „Davon haben meine Eltern oder Großeltern oft erzählt. Um nicht zu verhungern, mussten sie aufs Land hinausfahren und versuchen, bei den Bauern Lebensmittel zu besorgen." Meist folgt dann noch ein Nachsatz: „Und die Bauern waren sehr hartherzig und rückten nur was raus, wenn man Wertvolles zu tauschen hatte."

Ist dann ein Zeitzeuge bei einem solchen Gespräch anwesend, kommen dann noch Bemerkungen mit folgendem, oder ähnlichem Inhalt hinzu: „Die Boore oße vun selvere Tellere un hatten de Öljemälde em Kohstall hange."

Diese Bemerkungen sind im Kern richtig. Aber den Bauern als schlechten und den Hamsterer als guten Zeitgenossen darzustellen, wäre mehr als ungerecht. Es gab die verschiedensten Charaktere und gute sowie schlechte Menschen auf beiden Seiten.

Aus meinen Erlebnissen und den mir von Zeitzeugen erzählten Geschichten möchte ich von einigen dieser Typen, von Bauern und hamsternden Kölnern, berichten.

*

In der Eifel lag ein kleiner Bahnhof der Reichsbahn still und verlassen in der Morgensonne eines Septembertages des Jahres 1946. Auf seinen Stationsschildern stand: „Oberbettingen-Hillesheim". Der Bahnhof lag zwischen den beiden Dörfern, die man jeweils mit einem kurzen Fußmarsch erreichte.

Der Bahnsteig war fast leer, nur ein älteres Paar saß auf einer der Wartebänke.

Dann öffnete sich die Tür des Stationsgebäudes, und der Bahnhofvorsteher kam heraus. Er rückte seine rote Dienstmütze zurecht, zog seinen blauen Uniformrock über seinem Bäuchlein in den richtigen Sitz. Dann ging er mit stolzem Gang, seiner Bedeutung als Beamter voll bewusst, auf den Bahnsteig hinaus. Seine Signalkelle hielt er wie ein Zepter in der Hand. Es war kurz vor neun Uhr und der erste, von Köln kommende Zug, würde in wenigen Minuten einlaufen. Als er die Bank und das Paar erreichte, blieb er stehen: „Morjen, ihr Zwei. Franz, was machst du dann mit deinem Bäbchen hier auf dem Bahnhof? Die Ernte ist doch in vollem Gang. Das ganze Dorf ist auf den Feldern. Entweder im Heu oder sie sind dabei, die Grumpere (Kartoffel) zu ernten.“

Der angesprochene Bauer nickt. „Ja, da hast du Recht, aber wir müssen nach Gerolstein, zu einem Termin auf dem Gemeindeamt. Sonst wären wir auch auf dem Feld bei der Ernte wie die anderen. Es ist sowieso viel zu gefährlich, den Hof alleine zu lassen. Die Hamsterer aus Köln klauen ja, was nicht niet- und nagelfest ist. Zum Glück ist wenigstens unser Jüngster, der Hermann, da und kann auf den Hof aufpassen. Die Mädchen sind auf dem Feld in der Grumpernernte. Unsere anderen Jungen sind ja noch in der Kriegsgefangenschaft.“

Der Stationsvorsteher stimmte dem Bauern grimmig zu: „Genau so ist es mit vielen von diesen Hamsterern. Den Krolls haben sie vor ein paar Wochen die noch unreifen Grumpere aus dem Feld ausgegraben.“ In versöhnlicherem Ton fügte er hinzu: „Die haben einfach Hunger bis unter den Armen. Und wenn du Hunger hast, machst du die dollsten Sachen.“

Der Pfiff aus der Dampflokomotive des herannahenden Zuges unterbrach ihr Gespräch. Der Stationsvorsteher verließ das Paar und stellte sich würdevoll an der Bahnsteigkante auf. Fauchend und prustend kam der Zug zum Stehen. Von einer Sekunde zur anderen wechselte die Situation, plötzlich glich der verschlafene Bahnhof einem aufgescheuchten Ameisenhaufen. Die Abteiltüren flogen auf, und schon bald war der Bahnsteig voller Menschen. Die Invasion der Kölner Hamsterer hatte begonnen. Schnell formierten sie sich zum Abmarsch, denn jeder wollte möglichst zuerst bei den Bauern sein. Sie bestanden aus vielen Gruppen, die sich dann aufteilten. Ein Teil zog in Richtung Oberbettingen, doch die Mehrzahl machte sich auf den etwas längeren Weg nach Hillesheim, dem größeren der beiden Orte.

Von denen, die nach Oberbettingen zogen, greife ich einige heraus, sie sollen einen Einblick über das, in der Bezeichnung Hamsterer zusammengefasste, Phänomen jener Zeit geben. Diese Menschen kamen aus den verschiedensten Kölner Stadtteilen und waren sich nicht bekannt. Ich lasse einfach fünf, mir von Zeitzeugen berichtete Geschichten an einem Tag und in einem Ort passieren.

*

Irmgard Wüst

Diese Geschichte ist schnell erzählt . Irmgard lebte mit Barbara, ihrer acht Jahre alten Tochter, alleine in einer Holzhütte in der Straße „Am Grauen Stein" in Köln-Gremberg . Diese Baracke war 4 x 4 Meter klein, bestand nur aus einem einzigen Raum und war mit primitiven Mitteln zusammengebaut. Neben der Hütte war, in einem kleinen Verschlag, ein Plumsklo. Die Hütte hatte keinen Stromanschluss, weil ja die Elektrizitätswerke noch zerstört waren. Für die Menschen, die nun dort leben mussten, gab es Trinkwasser nur an einer Stelle. Es war eine Pumpe, die man hinunter in das Grundwasser geschlagen hatte. Irmgard musste es dort mit der Hand mühsam hochpumpen und in Eimern in ihr neues Heim schleppen. Die Stadt Köln errichtete solche Notunterkünfte auf Trümmergrundstücken oder in Schrebergärten. Sie dienten dazu, den fliegergeschädigten, obdachlosen Kölnern eine erste Bleibe, ein erstes Dach über dem Kopf zu gewähren. Die junge Frau hatte von ihrem Mann seit zwei Jahren nichts gehört. Er war an der Ostfront als vermisst gemeldet. Als das Haus, in dem ihre Wohnung war, von Brandbomben getroffen wurde, hatte sie mit der kleinen Barbara in einem Fliegerbunker gesessen. Als sie diesen verlassen durften, brannte ihr Haus schon vom Dach bis in den Keller. Nichts konnte sie mehr von ihrem Hab und Gut retten. Sie besaßen nur noch, was sie auf dem Leibe trugen.

In ihrer Hütte stand ein Bett, in dem sie mit Barbara schlief, sowie ein paar Regale und einige Hausratsgegenstände, die sie von der „Ersten Hilfe" erhalten hatte. Außer Schutt zu schaufeln, gab es in Köln noch keine Arbeit. Irmgard war auf Sozialhilfe angewiesen.

Sie hatte also nichts, was sie bei den Bauern eintauschen konnte, und Geld, um die horrenden Schwarzmarktpreise zu bezahlen, hatte sie auch nicht. Die Summe, welche ihr das Sozialamt für einen Monat auszahlte, hätte gerade zum Kauf eines Brotes auf dem Schwarzmarkt gereicht. Um nicht zu verhungern, blieb ihr nur ein Ausweg, sie musste all ihren Stolz überwinden und bei den Bauern betteln gehen. Sie ging von Haus zu Haus, klopfte an jede Tür. Wenn man ihr öffnete, schob sie die magere und blasse Barbara den Leuten entgegen. Sie sollte als Blickfang dienen, um das Mitleid der Bauern zu erringen. Danach bat sie um eine Hand voll Korn oder eine einzige Kartoffel. Viele Türen wurden gar nicht geöffnet, andere sofort wieder zugeschlagen. Das war hart aber auch verständlich, die Landbewohner konnten sich ja kaum retten vor Menschen, die um Lebensmittel bettelten. Ihre eigene Bestände waren ja auch nicht grenzenlos. Aber es gab auch Bauern, die Mitleid mit dem kleinen blassen Mädchen und seiner verhärmten und ausgehungerten Mutter hatten. So war dann doch manche Kartoffel und manche Hand voll Getreidekörner in Irmgards Rucksack, wenn sie am späten Nachmittag wieder auf dem Bahnhof ankamen, um zurück nach Köln zu fahren. Manchmal war sogar ein Ei und ein dünner Streifen Speck dabei.

Sie waren den ganzen Tag unterwegs gewesen. Hatten sich durch mehrere Dörfer gebettelt und mussten dann den ganzen Weg wieder zurück zum Bahnhof laufen. Beide hatten, durch ihr schlechtes Schuhwerk, die Füße voller Blasen und der immer schwerer werdende Rucksack hatte Irmgard blutende Striemen auf Rücken und Schultern zugefügt. Jetzt waren sie todmüde und die kleine Barbara schlief schon im Stehen ein. Trotzdem war Irmgard glücklich, denn mit dem Inhalt des von ihr wie ein Augapfel gehüteten Rucksacks konnten sie für ein paar Tage wenigstens den stärksten

Hunger stillen. Die Körner würde sie in der Kaffeemühle mahlen, um dann Brot daraus zu backen und nichts konnte den nagenden Hunger besser stillen als eine dampfende Pellkartoffel.

*

Frau Mertens
und Frau Schmitz

Die beiden Frauen waren miteinander seit vielen Jahren befreundet. Sie waren Nachbarn und wohnten im Weyertal in Köln-Sülz. Den Bombenkrieg hatten sie im selben Bunker überlebt, und diese Erlebnisse hatte ihre Freundschaft geprägt und vertieft. Sie fuhren immer gemeinsam zum Hamstern aufs Land, weil man zu zweit besser mit den Anforderungen, aber vor allem mit den Gefahren einer solchen Tour fertig wurde. Sie gehörten zu der mit Abstand größten Gruppe der Hamsterer. Das waren Leute, welche die Dinge, die ihnen der Krieg übriggelassen hatte, einpackten, um sie bei den Bauern gegen Lebensmittel einzutauschen. So kamen viele Dinge aus den Städten zu den Bauern aufs Land, die diese vorher nie besessen hatten. Edles Porzellan, Vasen, Schüsseln, Platten aus Kristall, elegante städtische Kleidung. Sehr begehrt bei der Landbevölkerung war auch echter Gold- und Silberschmuck. Für die meisten dieser Leute waren das Kostbarkeiten, von denen sie vorher nur hatten träumen können.
Es waren Dinge, die von den Städtern vor den Bomben sicher versteckt und sorgfältig behütet worden waren. Von denen man sich eigentlich niemals hatte trennen wollen. Doch Hunger tut weh, und wenn man nicht verhungern wollte, blieb einem keine andere Wahl. Man musste sich von seinen liebsten Sachen, an denen oft die schönsten Erinnerungen hingen, trennen.
Man kann den Bauern nicht verübeln, dass sie die Gunst der Stunde nutzten und für ihre Erzeugnisse ein vielfaches von ihrem tatsächlichen Wert verlangten und auch erhielten. Für

einen Wintermantel, der vielleicht siebzig Mark gekostet hatte, erhielt man einen Zentner Kartoffeln, der in Friedenszeiten drei bis vier Mark kostete. Wenn man Glück hatte, bekam man für eine goldene Halskette einen Zentner Weizenkörner.

Es waren andere Zeiten angebrochen. Die Werte hatten sich verschoben. Lebensmittel zu erhalten, bedeutete zu überleben und nur das alleine zählte und setzte ihren Marktwert fest. Natürlich waren die Städter nicht glücklich über diese Entwicklungen und verfluchten die Bauern als habgierige Wucherer.

Frau Mertens hatte heute Bettwäsche dabei. Die war noch neuwertig und bedeutete die letzte Reserve, die sie noch von ihrer Aussteuer hatte. Frau Schmitz hatte wieder Teile ihres Silberbestecks bei sich. Seit einigen Fahrten hatte sie stets zwei Besteckgarnituren dabei, die sie immer zum selben Bauernhof brachte. Die Bäuerin war ganz scharf auf diese Teile, weil für sie ein Silberbesteck zum höchsten Luxus gehörte.

Ein paar Hamsterfahrten blieben Frau Schmitz noch, dann hatte sie ihr gesamtes, für zwölf Personen ausgelegtes, Besteck an diese Bauern verramscht. Es blieben ihr dann noch einige Fahrten, bei denen sie das Vorlagebesteck vermaggeln konnte. Danach würde es schwer für sie und ihre Familie werden, denn dann hatte sie nichts mehr zum Tauschen.

Auf dem Weg zum Silberbesteckbauern gingen die Frauen in jedes Haus, an dem sie vorbeikamen, und Frau Mertens versuchte für ihre Bettwäsche möglichst viele Lebensmittel einzuhandeln.

Wenn man tauschen wollte öffnete sich, im Gegensatz zu den Bettlern, fast jede Tür. Viele der Bauersleute zeigten sich interessiert, denn neue Bettwäsche war begehrt. Frau Mertens schrieb sich genau auf, was die verschiedenen Bäuerinnen ihr anboten. Auf dem Rückweg, wenn Frau Schmitz ihr Silbergeschäft abgeschlossen hatte, würde sie dort, wo man ihr das beste Angebot gemacht hatte, ihre Bettwäsche eintauschen. So dauerte es einige Zeit, bis die beiden Frauen den Junkers-Hof erreichten, wo das Silberbesteck schon erwartet wurde. Die Junkers gehörten zu den Menschen, welche die Not der Großstädter nur bedingt ausnutzten. Sie waren freundlich und, wenn sie einen Handel mit Hamsterern tätigten, versuchten sie nicht zu betrügen, sondern machten faire Tauschangebote. Mittlerweile war es Mittag geworden. Der Bauer und seine Helfer arbeiteten auf Feldern, die ganz nahe beim Hofe lagen. Darum kamen sie, als die Kirche die Mittagsstunde eingeläutet hatte, auf den Hof zum Essen. Frau Schmitz und ihre Freundin machten sich gerade daran, das Junkersgut zu verlassen. Liesel Schmitz war ganz zufrieden mit ihrem "Geschäftsabschluss". Ihr Rucksack war mit Kartoffeln gefüllt, und in einer seiner Seitentaschen war noch ein dickes Stück Speck eingepackt. Außerdem hatte sie noch gut zwei Kilo Möhren erhalten, die sie in eine Einkaufstasche gesteckt hatte.

Die Frauen wollten sich gerade auf den Rückweg ins Dorf machen, da rief sie die Bäuerin zurück. Ohne große Worte stellte sie zwei Teller mit dampfendem Eintopf auf einen Holztisch, der neben der Haustür stand, holte Löffel und zwei dicke Scheiben selbstgebackenes Brot aus ihrer Schürze und legte sie zu den Tellern. Dann lud sie die Freundinnen ein, auf der Bank vor dem Tisch Platz zu nehmen. Lächelnd sagte sie: „Lasst es euch schmecken. Als ich gerade meinen Leuten die Suppe austeilte, viel mir ein, dass ihr ja auch sehr hungrig sein müsst." Erfreut bedankten sich die Kölnerinnen, griffen gierig zu den Löffeln und machten sich heißhungrig über die Suppe her. Die Bäuerin nickte ihnen noch einmal freundlich zu, ehe sie zurück ins Haus ging. An der Tür drehte sie sich noch einmal um: „Bis zum nächsten Mal, Frau

Schmitz. Bringen sie bloß keinem anderen das restliche Besteck. Ich würde es gerne vollständig mein Eigen nennen."
Als die Teller geleert waren, schauten sich die Frauen vorsichtig um, ob sie nicht beobachtet würden. Dann hoben sie die Teller hoch und leckten sie so gründlich ab, dass auch nicht der geringste Suppenrest auf ihnen übrig blieb.
Auf dem Weg zurück zum Bahnhof tauschte Frau Mertens noch ihre Bettwäsche für einen viertel Zentner Kartoffeln, eine kleine Kugel selbstgemachter Butter und einiges Gemüse ein. Schwerbepackt waren sie nun beide und es war ein mühsamer und beschwerlicher Weg, bis sie wieder den Bahnhof erreicht hatten. Von der Anstrengung verschwitzt und schwer atmend, setzten sie sich auf eine der Bänke, um dort auf den nächsten Zug zu warten, der sie wieder zurück nach Köln bringen würde.

*

Hans und Ferdi Lang

Hans und Ferdi kamen aus Ehrenfeld und wohnten in einer Seitenstraße des Ehrenfeldgürtel. Sie waren ebenfalls arm und hatten nichts zu tauschen. Aber wenn sie abends wieder zu Hause ankamen, waren ihre Rucksäcke und Taschen meist gut gefüllt. Sie hatten sich eine besondere Art für die Beschaffung von Lebensmitteln ausgedacht, sie kamen als „Künstler".

Ihr Vater war Musiker und beherrschte mehrere Instrumente. Vor dem Krieg hatte er in einer Tanzkapelle im Kaiserhof am Ring gespielt. 1942 hatte er im Krieg ein Bein verloren und saß nun untätig zu Hause herum. Sehnsüchtig wartete er darauf, dass sich die Zeiten soweit ändern würden, dass er wieder zur Tanzmusik aufspielen könnte. Aber noch lagen alle Säle in Schutt und Asche und so hatte er Zeit genug, seine Söhne musikalisch zu unterrichten. Von ihm hatten die Jungs wohl auch ihre Musikalität geerbt. Hans hatte in seinem noch leeren Rucksack eine Mandoline, die er recht gut zu spielen wusste, und der jüngere Ferdi hatte eine kleine Trommel dabei, mit der er Hans rhythmisch begleitete. Sie gingen in die Gehöfte stellten sich vor das Wohnhaus und holten ihre Instrumente heraus. Dann begannen sie Kölsche Lieder zu spielen und zu singen. Ihr Vater hatte mit ihnen ein breites Band von Liedern eingeübt. Ihr Repertoire bestand in der Hauptsache aus „Willi Ostermann"-Liedern, aber sie sangen auch die neuen, in der Nachkriegszeit geschriebenen Stücke von Jupp Schmitz, Gerhard Jussenhoven, Jupp Schlösser und vielen anderen. Einen großen Lacherfolg hatten sie immer, wenn sie „Das Kartoffellied" von Karl Berbuer sangen. Den Text hatte ihr Vater ein wenig abgeändert, so dass er genau auf seine, um eine „Kartoffelgage", singenden Söhne passte. Sangen sie aber die wehmütige Ballade „Ming herrlich Kölle, wie sühs do us?" von Jupp Schmitz, so rollten mancher Bäuerin die Tränen über die Wangen. Die zwei wussten ihrem Publikum zu gefallen, sie hatten sich sogar einige Tanz- und Steppschritte einstudiert. Wie fast alle Stadtkinder in dieser Zeit trugen sie Sandalen mit einer dikken Holzsohle. Sie wurden „Kläppchen" genannt, weil sie beim Gehen so laut klapperten. Diese „Kläppchen" waren ihre Steppschuhe, mit denen sie ihre Steppeinlagen akustisch gut zu Gehör brachten. Wenn sie ihre Vorführung beendet hatten, gingen sie nicht mit dem Hut rund, um Geld zu sammeln, sondern mit Säcken, in die ihnen die Bauern Lebensmittel hineinsteckten.

Heute schien es erst so, als ob sie einen Pechtag erwischt hätten. Einen jener Tage, an dem alles schief lief. Alle Höfe, die sie besuchten, waren bis auf ein oder zwei Wächter leer und verlassen. Alles schien draußen auf den Feldern bei der Ernte zu sein. Überall wies man sie ab. Sie hatten noch kein einziges der angefangenen Lieder zu Ende singen können, und dementsprechend leer waren auch ihre Hamstersäcke. In einem Hof machte sogar der alte Invalide, der das Gehöft vor Hamsterern schützen sollte, den Hofhund von seiner Kette los und hetzte ihn auf die Kinder. Zum Glück verbiss der sich nur in dem Sack, den Hans ihm geistesgegenwärtig entgegengehalten hatte. Ferdi hatte riesige Angst und war den Tränen nahe, als sie dem wild kläffenden Köter endlich entronnen waren. Hans musste seinen kleinen Bruder erst einmal trösten, ehe der bereit war, weiter zu gehen. Doch dann wendete sich das Blatt, aus dem Pech- wurde eine Glückstag. Als sie durch die lange Kastanienallee zum größten Gut der Gemeinde, der „Domäne" gingen, hörten sie, dass dort im Innenhof reges Leben herrschte. Alle Heuwagen waren schon von den Wiesen zurück. Die letzten wurden gerade abgeladen und das Heu in den Scheunen eingelagert. Die Heuernte war glücklich zu Ende gebracht, und das Winterfutter war trokken unter Dach und Fach. Dementsprechend gut gelaunt und leutselig war die Stimmung des Gutsverwalters. Wohlwollend gewährte er seinen Mitarbeitern eine Sonderpause und erlaubte den beiden Jungen ihre Schau vorzuführen. Die machten mit Trommel und Mandoline Musik, sangen ihre Lieder und erzählten in den Pausen ein paar harmlose Witzchen. Dafür erhielten sie herzlichen Beifall von den Frauen und Männern der Erntemannschaft. Die waren froh über die Abwechslung, die von den beiden Jungen in ihren harten Ernteeinsatz gebracht wurde. Besonderen Applaus erhielt dabei der kleine Fred, als er eine Steppeinlage zu den Mandolinenklängen von Hans vorführte. Als die Jungs, nach einigen lautstark erwünschten Zugaben, ihre Vorstellung beendet hatten, durften sie sich ihre Hamstersäcke mit Kartoffeln und Getreide füllen. Die Köchin legte ihnen sogar noch zwei Würste obenauf. Das war wahrlich eine Supergage für die „Kinderstars".

Die beiden echt kölschen Ströpp hielten mit dieser „Kunst", die sie mit ihren Auftritten den Bauern auf die Höfe brachten, ihre Familie am Leben. Oft brachten sie soviel mit, dass sogar etwas übrig war. Das konnte ihr Vater auf dem Schwarzen Markt zum Tauschen benutzen. Die unentbehrlichen und kostbaren Feuersteine und gelegentlich auch einmal ein paar Zigaretten für den Papa, konnten zum Beispiel von diesem Überschuss beschafft werden. Als sich das Leben in Köln wieder normalisierte, traten die beiden Jungs als Krätzjessänger mit recht gutem Erfolg im Karneval auf.

Das Kartoffellied

Text und Musik Karl Berbuer

„Wo kriegt man bloß Kartoffelen, möchte ich heut` jeden fragen.
Kartoffelen, Kartöffelchen, kann mir das keiner sagen?
Ich lauf herum,und lauf mir drum, die Absätz` dabei schief und krumm.
Nein, nein ich scheue wirklich keinen Weg,
doch watt gitt et: in jeder Hand en Fleg.
Ach ja mein Körbchen hier, das ist so leer,
als wenn's die Staatskasse von Deutschland wär.
Der eine Händler sagt: „Mer han nix Mann!"
Der zweite bietet mir nur Krönzeln an.
Der dritte gar `nen Kürbis riesenschwer:
„Wenn dat doch nur `ne Quallmann wär

Wo kriegt man bloß Kartoffelen, nein, nein, es ist zum Heulen.
Man schmiß mich aus der Markthall `raus, mein Dääz war voller Beulen.
Da fuhr ich mit der Bahn, o Graus, zu einem Bauer aufs Land hinaus.
Der sprach: „Aha, Kartoffeln wollen Sie,
was bieten Sie? Denn Geld well ich nit mieh.
Och Schmuck und Wäsche, Mann, dat hammer all,
mir fählt `ne Perser nur, em Firkesstall!"
„Ich glaube", sprach ich, „Ihnen fehlt wohl bloß,
ein Atombomb` hinten in der Hos`.
Vielleicht wünschten Sie dann beim krepieren sehr,
wenn dat doch bloß `ne Quallmann wär!"

*

Die Bleijuweliere

Roland und Klaus waren beide so Mitte Zwanzig. Sie waren mit der gleichen ärmlichen Schäbigkeit gekleidet wie die meisten Männer dieser Zeit. An einigen ihrer Kleidungsstücke konnte man erkennen, dass es umgeschneiderte Teile von Militäruniformen waren. Das deutete darauf hin, dass es sich bei ihnen um ehemalige Soldaten handelte, die schon aus der Gefangenschaft entlassen waren. Den Krieg hatten sie überlebt, aber seine Gräuel hatten tiefe Kerben in ihre Gesichter gegraben, die sie viel älter erscheinen ließen. Der Krieg hatte auch ihre Herzen hart und mitleidlos gemacht. Sie reisten als Betrüger durch das Land und zogen den Bauern das Fell über die Ohren. Beide waren große und kräftige Männer. Sie waren im Krieg zu erfahrenen Kämpfern geworden. Man hatte sie extra für den Kampf „Mann gegen Mann" ausgebildet und sie zu Nahkampfspezialisten gemacht. Wenn man sie bei einer ihrer Betrügereien entlarven würde, hätten sie die notwendige Brutalität und Kampferfahrung, um sich jeden Ärger vom Leibe zu halten. Unter ihrer Kleidung versteckt trugen sie Schlagstöcke. Die würden sie bei einem Angriff auf ihre Person auch gnadenlos einsetzen.
Sie handelten mit „goldenen" Ketten und Ringen aus einer Bleilegierung. Edle Steine hatten sie auch in ihrem Angebot. Es waren „Feuersteine". Das sind zwar keine Edelsteine, aber sie waren damals, in einer Welt, in der es keine Zündhölzer gab, auch eine hochbezahlte Kostbarkeit. Ihre Ware erhielten sie von einem Kölner Goldschmied. Der machte aus einem Bleigemisch Halsketten und Armbänder, die er dann hauchdünn vergoldete. Aus poliertem Messing fertigte er Armreifen und Ringe. In all diese „Schmuckstücke" hieb er dann mit

echten Prägestempeln Zahlen ein, die bescheinigten, dass diese Blei- und Messingteile 333 oder sogar 585 Goldanteile hatten. Selbst die Feuersteine waren nicht echt, sondern sorgsam geschnittene und in seiner Werkstatt nachbehandelte Drahtstücke.

Roland und Klaus erhielten von dem betrügerischen Goldschmied in Köln diese „Preziosen" auf Kommission. Besonders gute Geschäfte machten sie mit Trauringen. Die waren so sorgsam bearbeitet und mit gut sichtbaren Goldstempeln versehen, dass sie wirklich sehr echt aussahen.

Wenn sie von ihrer Hamsterfahrt zurückkamen, rechneten die reisenden Betrüger mit dem bleischmiedenden Gauner ab. Der erhielt dann ein Drittel der erschwindelten Naturalien, und so war es für alle drei ein einträgliches Geschäft.

Natürlich mussten bestimmte Regeln eingehalten werden. So durften sie nie zweimal im gleichen Dorf ihre Betrügereien durchführen, und der erste Feuerstein, der den Besitzer wechselte, musste echt sein. Den bauten die Betrüger dann meist selbst in das Feuerzeug des Käufers ein. Der erhielt dann als Zulage zu dem Handel eine Zigarette gratis. Die konnte er dann mit der Flamme seines Feuerzeuges anzünden, welche die Funken des echten Feuersteines entfacht hatten.

Roland und Klaus waren ausgebuffte Gangster, die alle Tricks kannten. Ihre Bezahlung bestand nicht aus Korn oder Kartoffeln, sie hatten es auf edlere Lebensmittel abgesehen.

Wenn sie ihre Geschäfte getätigt hatten, waren ihre Rucksäcke und Taschen mit Speck, Butter, Eiern und Käse gefüllt. Oft hatten sie auch Fleisch eingehandelt. Einmal hatten sie ein halbes, schwarz geschlachtetes Schwein in ihren Rucksäcken verteilt.

Als sie an diesem Tage aus Oberbettingen zurück zum Bahnhof gingen, waren sie wieder reich mit diesen edlen Lebensmitteln bepackt. Auf dem Hof, auf dem sie ihr Geschäft abgeschlossen hatten, stand eine Bäuerin vor dem Spiegel und konnte sich nicht satt sehen an goldenem Glanz. Es war der Glanz, den eine Kette und dazu passender Armreif auf ihre nackte Haut zauberte. Nach einigem Tragen würde dieser Glanz verschwinden und einem bleiernen Grau Platz machen.

Die „goldenen" Ringe und Armreifen aus Messing, die sie an anderen Stellen im Dorf verkauft hatten, würden ihren Glanz noch lange behalten. Manches Brautpaar hat ein Leben lang seine, aus einem Messingrohr gedrehten, Trauringe in dem Glauben getragen, dass sie aus echtem Gold wären.

*

Schneider – Schneider

Heribert Schneider hieß nicht nur so, sondern er war auch Schneider. Über seinem Laden in der Marzellenstraße hatte ein großes Schild gehangen, auf dem gestanden hatte „Schneider - Schneider", Maßschneiderei für den eleganten Herrn. Seine Kundschaft hatte sich aus Mitgliedern des gehobenen Mittelstandes zusammengesetzt, denn Heribert Schneider war ein Meister seines Faches. Mancher Präsident von namhaften Kölner Karnevalsvereinen leitete vor dem Krieg seine Sitzungen in einem eleganten Frack oder Smoking, den Heribert Schneider maßgeschneidert hatte. Die „elegante Maßschneiderei für Herren" war den Brandbomben zum Opfer gefallen. Aber die Stoffe, die er in seinem Lager gehabt hatte, konnte er vor den Bomben retten. Als die Luftangriffe immer öfter kamen und immer schlimmer wurden, hatte er, wie viele Kölner, seine Bestände aufs Land gebracht. Er hatte sich bei Verwandten zwei kleine Räume gemietet und Stoffe sowie Nähmaterial dort ausgelagert. Nun wohnte er mit Frau und Kindern, drei Jungs zwischen elf und vierzehn Jahren, dort in diesen beiden Stübchen. Seine geretteten Textilien ermöglichtem ihm nun, seine Familie mit ausreichenden Nahrungsmitteln zu versorgen. Wenn Heribert Schneider zum Hamstern fuhr, hatte er immer eine alte braune Aktentasche bei sich. In dieser Tasche waren kleine Musterlappen von den Stoffen die er noch besaß. Wenn ein Bauer einen Anzug haben wollte, handelte Schneider erst einmal die Lebensmittel aus, die er für die Bezahlung verlangte. Dann musste der Bauer auf einen Stuhl steigen. Heribert holte ein Zentimeterband aus der Tasche, nahm sorgfältig Maß und notierte alle diese ermittelten Zahlen ebenso sorgfältig in einem Notizbuch.

Wenn er wieder nach Hause fuhr, hatte er schon einen Teil der ausgehandelten Bezahlung erhalten. Diese „Anzahlung" schleppten zum größten Teil seine Söhne, die ihn auf seinen Hamsterfahrten stets begleiteten. Denn Heribert Schneider war nicht sehr kräftig und so konnten die Hamsterwaren auf vier Personen verteilt werden. Heribert selbst trug immer nur einen Militärranzen, en Aap, auf dem Rücken und natürlich seine Mustertasche, die er keinem anvertraute. Stolz über das getätigte Geschäft schritt er dann , seine Aktentasche fröhlich hin und her schwenkend, seinen Söhnen voran.

Seine Stoffreserven reichten fast bis zur Währungsreform 1948, und ihr Besitz machten ihn und seine Familie die ganzen Hungerjahre hindurch satt.

Er war ein ehrlicher Mensch, der die angezahlten Kleidungsstücke immer korrekt lieferte. Dazu leistete er ausgezeichnete Arbeit und seine Stoffe waren von guter Qualität. Darum gab es, bis auf eine Ausnahme, auch keine größeren, negativen Erlebnisse in dieser Zeit. Dieses eine Mal jedoch war er einer ganz üblen Zeitgenossin begegnet.

Auf einem großen Anwesen im Westerwald hatte der Hofherr, der außerdem noch der Bürgermeister des Dorfes war, sich den besten Stoff ausgesucht, den Heribert Schneider anbieten konnte. Er hatte ihn beauftragt, ihm daraus einen Frack zu schneidern. Die Tochter des Bürgermeisters würde in einigen Monaten heiraten, und dann wollte der eitle Herr Papa den Leuten im Dorfe zeigen, wie reich und elegant er wäre. Aber vorher käme noch das Schützenfest und auf dem Krönungsball wolle er den Frack einweihen. Der Bauer ging so bereitwillig auf die Zahlungsforderungen von Heribert Schneider ein, dass dieser sich nach dem Handelsabschluss ärgerte, nicht höhere Mengen an Lebensmitteln verlangt zu haben.

Dann trat die Bäuerin in die Stube. Sie war eine vierschrötige und kräftig wirkende Person, die ihren Mann um einen halben Kopf überragte. Auf ihrem hässlichen Gesicht lag ein finsterer Ausdruck, als sie ihren Mann mürrisch anfauchte: „Was sind das für Leute?" Ehe der antworten konnte, drehte sie sich zu den Schneiders und sagte drohend: „Hier wird nicht gebettelt, wir haben selber nichts."

Das Benehmen des Bauern änderte sich um hundert Prozent. Bevor seine Frau in das Zimmer kam, war er jovial und ein wenig großspurig gewesen, und er hatte mit lauter, selbstbewusster Stimme gesprochen. Aber nun wirkte er ängstlich und unterwürfig. Mit übertriebener Freundlichkeit sagte er zu seinem Drachen: „Fräuchen, das siehst du falsch. Die Leute betteln nicht. Das ist der Herr Schneider, das ist ein Schneider aus Köln."

Die Frau unterbrach ihn und herrschte ihn an: „Rede nicht so einen Blödsinn. Ist der nun Schneider oder heißt er Schneider?"

„Beides Fräuchen, beides. Ist das nicht lustig, er heißt Schneider und er ist ein Schneider.

Die Frau schien völlig humorlos zu sein, denn mit unverändert mürrischem Gesichtsausdruck fragte sie: „Und was wollen die hier bei uns?"

„Also, eh , ich hatte mir gedacht. Eh, ich meine.."

Sie unterbrach ihn erneut. „Stottere hier nicht so rum, was wollen die von uns."

Der Bauer fasste sich ein Herz und sagte: „Für den Krönungsball vom Schützenverein und für die Hochzeit von unserem Kathrinchen brauche ich doch einen Frack. Das hast du selbst schon gesagt. Der Herr Schneider hat noch Stoffe, die er vor den Brandbomben gerettet hat, und so hab ich mich mal erkundigt, ob er mir einen Frack schneidern könnte."

Erst schien sie aufbrausen zu wollen, wohl weil sie nicht vorher gefragt worden war. Doch dann überlegte sie es sich anders und sagte: „Na gut, du bist Bürgermeister und dafür brauchst du gute Kleidung und auch einen Frack. Mach das Geschäft klar, aber lass dich nicht übers Ohr hauen." Dann verließ sie das Zimmer.

Als Heribert den Bauer fragte: „Es bleibt doch bei unseren Vereinbarungen?" war der wieder der Alte und sagte selbstbewusst: „Aber natürlich! Abgemacht ist abgemacht." Als die Schneiders um ihre übliche Anzahlung baten, wurde der Bauer plötzlich knickerig und flüchtete in Ausreden. Er hätte zufällig kaum etwas im Haus, aber wenn dann der fertige Anzug geliefert würde, bekämen die Schneiders alles fehlende garantiert ausgeliefert. Als Heribert mit seinen Jungs an diesem Tag nach Hause fuhr, waren ihre Taschen fast leer.

*

Rechtzeitig vor dem Schützenfest konnte Heribert Schneider dem Bürgermeister den Frack liefern. Er hatte deswegen zwar einige Nächte durchgeschneidert, aber er wollte den Liefertermin unbedingt einhalten. Zum einen, weil er es dem Bürgermeister versprochen hatte, und zum anderen, weil seine Familie die als Bezahlung ausgehandelten Speckseiten und den Schinken dringend brauchen konnte.

Der Bürgermeister empfing Heribert und seine Söhne wieder ganz jovial und probierte das Prachtstück direkt an. Alles schien zu seiner Zufriedenheit zu sein, denn er trug keine Beschwerden vor. Dann verließ er das Zimmer, um sich wieder umzuziehen. Plötzlich hörten sie einen Wortwechsel, aus dem sich die keifende Stimme der Bäuerin deutlich hervorhob. Es schien so, als ob der Bürgermeister eine kräftige Schimpfkanonade über sich ergehen lassen musste. Man konnte nicht genau verstehen, worum es ging, aber der Bauer schien sich gar nicht zu wehren, denn seine Antworten waren kaum zu hören.

Dann vergingen fünfzehn Minuten, der Bürgermeister kam nicht wieder zurück. Heribert dachte noch an nichts Böses.

Eine weitere Viertelstunde verging, ohne dass er wieder auftauchte. Jetzt wurden die vier Kölner Schneiders langsam unruhig. Als dann noch einige Minuten vergingen und sich nichts tat, begann Heribert, laut nach dem Bürgermeister zu rufen. Nach einiger Zeit kam dessen Frau in die Stube. Sie hatte das übliche mürrische Gesicht aufgesetzt. Mit kalter, unfreundlicher Stimme erklärte sie dem verdutzten Heribert, dass ihr Mann einen dringenden Termin hätte und das Haus schon lange verlassen habe. Die als Bezahlung ausgehandelten Lebensmittel wären aber bereitgestellt. Sie führte Heribert und seine Buben in einen Raum, der direkt neben dem Schweinestall lag. Dort wies sie auf einen Verschlag, in dem alte, schon stark ausgekeimte Kartoffel aufgeschichtet waren. Sie deutete auf diese Kartoffel und sagte. „So, damit könnt ihr eure Taschen und Rucksäcke füllen."

Heribert wollte seinen Augen nicht trauen und fragte empört: „Was soll das denn heißen? Wir haben doch keine Bezahlung in Kartoffeln vereinbart und bestimmt nicht mit so verschrumpelten Exemplaren. Es ist doch sonnenklar, dass diese Kartoffel hier von ihnen als Futter für die Schweine verwendet werden. So etwas lasse ich nicht mit mir machen, dies ist Betrug. Speck und Schinken waren ausgemacht, die möchte ich haben, darauf bestehe ich."

Das Riesenweib grinste ihn höhnisch an: „Ich verwalte hier die Vorräte, und was mein Mann in seinem Leichtsinn verspricht, brauche ich noch lange nicht einzuhalten." Sie wischte jeden Einwand von Heribert Schneider beiseite. Als er dann drohte: „Dann nehme ich den Anzug wieder mit", stemmte sie ihre kräftigen Arme herausfordernd in ihre Taille und schrie mit böse blitzenden Augen: „Nichts da! Der Frack bleibt hier. Entweder sie nehmen sich jetzt die Kartoffeln und verschwinden, oder ich schmeiße sie eigenhändig raus. Wenn das nicht klappt, wenn ich das nicht allein schaffe, dann hole ich unseren Knecht zu Hilfe, und dann sind sie schneller auf der Straße als sie bis drei zählen können."

Heribert Schneider resignierte, er wusste genau, dass er mit seinen Söhnen nicht gegen diese Furie ankommen würde. Mit mühsam beherrschtem Zorn sagte er: „Kommt Jungs, macht unsere Taschen voll und dann nichts wie weg hier, aber macht vorher die Keime ab, damit wir uns nicht noch an diesem ungenießbaren Zeug unnötig abschleppen müssen."

Als die vier Schneiders den Hof verließen und auf die Dorfstraße einbogen, waren ihre Rucksäcke gefüllt mit minderwertigen Kartoffeln, sie selbst aber waren erfüllt mit Enttäuschung und Zorn. Da sahen sie den Bürgermeister. Er stand hinter der Scheune, an der sie vorbei mussten und hatte sich so gestellt, dass er vom Wohnhaus aus nicht zu sehen war. Jede Bemerkung von Heribert unterband er, indem er sich mit seinem Zeigefinger aufgeregt auf die Lippen schlug. Mit der anderen Hand winkte er einen der Jungs herbei, drückte ihm einen geräucherten Schinken in die Hand, drehte sich um und verschwand wortlos in der Scheune.

Heribert Schneider schmunzelte, seine Wut war verraucht. Zu seinen Söhnen sagte er: „Seht ihr, er ist gar kein schlechter Kerl, ich bin ihm gar nicht mehr böse. Er kann einem leid tun, denn mit diesem Drachen zu leben ist Strafe genug."

*

Als 1948 die Währungsreform kam und die D-Mark die wertlose Reichsmark ablöste, war die Zeit der Hamsterer ganz schnell zu Ende. Wie durch ein Wunder gab es plötzlich wieder Lebensmittel und all die Dinge, die man vorher so schmerzlich vermisst hatte. Die Deutschen hatten zwar pro Kopf nur 40 DM erhalten und waren noch sehr arm. Aber es gab wieder satt zu Essen und die schlimme Zeit, in der die Bauern ein Nahrungsmonopol hatten, war vorbei.

Peter Müller und die deutsche Nationalhymne

Eine wahre Geschichte, frei nacherzählt.

Es war in den frühen 50er Jahren. Vom Wirtschaftswunder war noch nichts zu spüren, aber es ging den Menschen in Trizonesien langsam, aber stetig besser. Das traf auch auf die Beziehungen mit den ehedem verfeindeten Alliierten zu. Bald gab es sogar wieder internationale Sportkämpfe.

Einer der ersten deutschen Sportler, der in der Nachkriegszeit in den USA zu größeren Erfolgen kam, war der Kölner Berufsboxer Peter Müller. Seinen Kampfnamen „Müllers Aap" hatte er durch seinen unorthodoxen Kampfstil erhalten. Er hatte sehr lange Arme und war auf Brust und Rücken sehr behaart. Wenn er im Ring seine Gegner mit wilden Schwingern eindeckte und sie im Nahkampf zermürbte, konnte man wirklich meinen, ein Gorilla würde durch den Boxring toben. Die Kölner liebten ihn, und wenn sie ihn „de Aap" nannten, war das keine Verunglimpfung, sondern fast schon ein Kosewort.

Pitter, der im Boxstall seines Schwiegervaters Jupp Thelen boxte, war anders als alle Boxer seiner Zeit. Damals ging es sehr konservativ in den Boxringen zu. Außer den eigentlichen Kampfregeln war auch vieles andere vorgeschrieben und streng reglementiert. Die Boxer durften keine langen Haare haben, die Ringrichter hatten die Anweisung, die Haarlängen der Boxer vor dem Kampf zu überprüfen. Im Ring war es ihnen strengstens verboten zu reden. Ihre Wettkampfkleidung war besonders engen Richtlinien unterworfen. Der Kämpfer konnte nur über die Farbe seiner Boxer-

Der Boxer Peter Müller vor dem Straßenschild seines Namensvetters in Köln-Mülheim.
Der Mülheimer Bürger Peter Müller hatte vor rund 300 Jahren eine Schiffsreederei.
Die „Müllers Aap" hatte sich zwar in Köln-Mülheim durch seine mutige Tat, ein Kind
aus dem Rhein zu retten, hervorgetan, aber eine Straße wurde noch nicht nach Ihm benannt.

(Text aus: „Idole des Kölner Sports", Gaby Langen, Emons Verlag 2000)

shorts frei entscheiden. Die Athleten sollten nur boxen und dabei siegen oder verlieren. Alles andere, was man heute als Show bezeichnet, war im und um den Ring herum verboten und verpönt.

Peter Müller setzte sich über all diese Tabus hinweg. Er machte gerne kleine Späße im Ring. Er winkte dem Publikum zu, schnitt Grimassen, ließ seine Gegner ins Leere laufen und tippte ihnen dann von hinten auf die Schulter und rief: „He bin ich", etc. Das kam bei den Boxfans sehr gut an. Sie bejubelten die Späße und Clownerien vom Pitter und animierten ihn zu immer neuen Gags.

Ein amerikanischer Boxpromoter sah durch Zufall einen der Kämpfe von Peter Müller. Dieser Fight fand im ausverkauften Kölner Eisstadion statt. Der Amerikaner war begeistert und machte spontan mit Jupp Thelen einen Vertrag über Kämpfe der Kölner Aap in den USA. Plötzlich hatte der Pitter in New York einen Kampf gegen Gene Fullmer, den amtierenden Weltmeister im Mittelgewicht.

Damals gab es nur einen Weltmeister in jeder Gewichtsklasse, und das waren wirklich die besten auf der Welt. Die Müllers Aap machte einen großartigen Kampf, forderte dem Champ alles ab und war zumeist der Chef im Ring. Alle rechneten mit einem klaren Punktsieg von Müller. Aber am Ende hatte nicht der bessere Boxer gewonnen, sondern dem Weltmeister wurde ein Unentschieden geschenkt.

Wegen seiner bravourösen Leistung brachte dem Pitter dieses Skandalurteil trotzdem viel Positives. Mit einem Schlag war er in den Staaten berühmt, und er erhielt viele neue Kampfangebote. Er machte in zwei Jahren auf der anderen Seite des großen Teiches ein gutes Dutzend Kämpfe. Dabei hatte er vor keinem Gegner Angst und nahm jedes Kampfangebot an. Er boxte fast gegen die gesamte US-Elite im Mittelgewicht, und die meisten dieser Boxduelle beendete er als Sieger.

Im Dezember 1954 hatte er einen Kampf in Rochester, einer Kleinstadt mit etwas mehr als 50.000 Einwohnern, im Staate Minnesota. Sein Gegner hieß Ralph Tiger Jones. Er war der Publikumsliebling seiner Heimatstadt, dem man eine große Zukunft prophezeite. Das Stadion fasste knapp 6000 Zuschauer und war seit Wochen ausverkauft. Alle wollten sehen, wie ihr Tiger den Monkey aus Germany besiegte.

Als Peter Müller mit seinem Betreuerteam, geleitet von Jupp Thelen, durch die prall gefüllte Halle ging, erhielt er freundlichen Applaus. Man hatte seine Kämpfe in dem, damals gerade neu eingeführten, Fernsehen verfolgen können, und alle freuten sich auf die Show, die er während des nun folgenden Kampfes machen würde.

Im Ring begann die übliche Zeremonie wie vor jedem Fight. Von der Decke herunter senkte sich ein Mikrofon. Dann wurden die beiden Kämpfer vorgestellt, und eine Sängerin sang die amerikanische Nationalhymne. Danach verschwand das Mikrofon wieder nach oben, denn nun sollten die Boxhandschuhe verlost und angezogen werden und der Kampf beginnen.

Das war genau der Grund, über den sich unser Pitter so ärgerte. Er hatte Thelen gefragt: "Woröm spillen die Amis immer nur ihr eijene Nationalhymne, un för mich spillen se üverhaup nix? Dat es unjeräch.

Thelen versuchte, seinen Schützling darüber aufzuklären, dass es im Nachkriegsdeutschland noch keine Nationalhymne gab. Das hatte dieser nicht glauben wollen. Es hatte mehrere Diskussionen gegeben, in denen es Thelen nicht gelungen war, seinen Schwiegersohn zu überzeugen.

Pitter gab schließlich nach und sagte zu dem Thema nichts mehr. Er hatte sich entschlossen, diesen für ihn so unbefriedigenden Zustand, zu ändern. Ohne Thelen oder seinen anderen Betreuern darüber etwas zu sagen, hatte er sich vorgenommen, vor seinem nächsten Kampf selbst die Nationalhymne zu spielen. Heute wollte er seinen Plan in die Tat umsetzen.

Als das Mikro verschwand, sprang er auf und tänzelte im Boxerschritt zu dem Ringsprecher, der gerade den Ring verlassen wollte. Er schlug dem verdutzt aufblickenden Mann leicht auf die Schulter und sagte: „Eh Fründ, waat ens ne Moment." Da sich das so ähnlich anhörte wie, „hello friend, wait a moment", hatte ihn der Sprecher verstanden und kletterte wieder aus den Ringseilen, in die er schon abgetaucht war, hinaus und in den Ring zurück.

Erstaunt sah er den Pitter an. Der kramte in der Tasche seines Bademantels und zog einen Zettel heraus. Auf diesen Zettel hatte er sich, von einem deutsch sprechenden Kellner im Hotel, in englischer Sprache aufschreiben lassen: „Der deutsche Boxer findet es unfair, dass man nicht seine Nationalhymne spielt. Er möchte sie nun selbst darbieten."

Der Ringsprecher nahm den Zettel und ging damit zum Kampfrichtertisch. Eine kurze Diskussion folgte, dann nikkten die Herren wohlwollend ihr Einverständnis.

Das Mikrofon senkte sich erneut in den Ring, der Sprecher beruhigte das, ein wenig durch die Verzögerung unruhig gewordene, Publikum. Dann machte er die Durchsage: „The German fighter will now sing the German national anthem."

Pitter hatte von der Ansage eigentlich nur „sing" verstanden und sagte: „Nä, nä nit singe, spille dun ich se." Der Sprecher, der nichts verstanden hatte, trat zur Seite und überließ Peter Müller das Mikrofon. Mittlerweile hatten sich im weiten Hallenrund die Zuschauer erhoben, und die Männer hatten ihre Hüte, die sie, wie damals bei Boxkämpfen üblich, auch in der Halle trugen, abgenommen, und erwartungsvolle Stille breitete sich aus. Pitter kramte wieder in seinem Bademantel, dann zog er eine Mundharmonika aus der Tasche. Er setzte sie an und spielte sie einmal durch, machte eine kurze Verbeugung, und dann begann er sein Konzert. Da er das Mundharmonikaspiel recht gut beherrschte, erklang die Melodie, klar und fast richtig gespielt, den Zuschauern gut verständlich in den Ohren. Als er zum Schluss das Instrument absetzte, erhob sich jubelnder Beifall. Pitter verbeugte sich ein paar Mal, dann tänzelte er in seine Ringecke zurück.

Sein Helfer, der Sekundant und sein Manager Thelen schauten ihn mit kalkweißen, ängstlichen Gesichtern an. Der Sekundant fing an: „Mensch Pitter wie kunnste nur…", da wurde er von Thelen barsch gestoppt: „Ruhe, kei Woot jetzt mieh, do spreche mer noher in dr Kabin drövver. Dä Pitter soll sich jetzt nur noch op dä Kampf konzentriere."

Aber Pitter hatte das Verhalten seiner Leute gar nicht beachtet. Er lachte sie an und fragte: „Wie wor ich?"

Da alle schwiegen und ihn nur ernst und fast angstvoll ansahen, gab er sich selbst die Antwort: „Jot wor ich und endlich han ich et dänne Amis jezeich, dat mir och en Nationalhymne han."

Da er auch jetzt keine Antwort bekam, schüttelte er seinen Kopf, ließ sich die Handschuhe anziehen und maulte: „Nu maaht doch nit esu Jedöns öm die Kleinlichkeit, denne Lück hätt et doch jefalle."

Dann ertönte der Gong zur ersten Runde. Die Müllers Aap machte einen tollen Kampf und wurde, nach 12 oft turbulenten Runden, einstimmig zum klaren Punktsieger erklärt. Nach der Siegerehrung verließen sie auf schnellsten Wege die Halle. Thelen mahnte den Pitter, der immer wieder dem beifallspendenden Publikum zuwinkte, mehrmals zur Eile.

„Mein Jot woröm hat ihr datt dann esu iehlich?", fragte die Aap. Doch Thelen blieb stumm und bugsierte ihn erst einmal in die Kabine. Als sich die Türe hinter ihnen schloss, ließ sich der Manager, immer noch kalkweiß im Gesicht, auf einen

Stuhl fallen. Man hörte seiner Stimme an, wie aufgeregt er war, als er den Pitter ansprach: „Woröm mer et esu iehlich hatte, kann ich dir sare, eschtens wullt ich nit, dat se uns en der Hall anjriefe un zusammeschlare un zweitens wullt ich, dat du ömjetrocke bes wann de Polizei kütt."

Pitter schaute ratlos von einem zum anderen: „Wiesu soll uns einer zusammschlare? Un wiesu soll dann de Polizei kumme, bloß weil ich uns Nationalhymne jespillt han?"

Während Thelen resignierend abwinkte, sagte sein Trainer: „Weil du „Schlauberger" nit de Nationalhymne jespillt häs, sondern dänne Nazis ehr Leed – `Die Fahne hoch´."

Pitter hatte in seiner Unwissenheit das Lied gespielt, das er im „Dritten Reich" am häufigsten gehört hatte und von dem er glaubte, das es die Nationalhymne wäre.

Aber das Boxerteam aus Köln hatte Glück und kam mit dem Schrecken davon.

Da die Amerikaner fast nie über ihren Tellerrand hinwegsehen und sich wenig für andere Staaten in der Welt interessieren, war in dieser kleinen Stadt, keinem der 6000 Zuschauer, einschließlich aller Pressevertreter, die Verwechslung aufgefallen. Die Angelegenheit hätte wirklich das ganze Team so kurz nach dem Krieg in schlimme Bedrängnis bringen können. Ob es sie in das Gefängnis gebracht hätte, sei dahingestellt, aber man hätte sie sofort des Landes verwiesen, und es wäre der letzte Kampf für die Aap in den Staaten gewesen.

Falschgeld

Als sich diese Geschichte zutrug, gab es den Euro erst seit einigen Monaten. Die gute alte D-Mark, die uns ein halbes Jahrhundert lang begleitet hatte und die uns aus der Armut, in der wir vor der Währungsreform hatten leben müssen, hinausführte und uns zu einem der wohlhabensten Länder dieser Welt machte, hatte man einfach eingestampft. Wie stolz waren wir doch bis vor kurzem noch gewesen, wenn auf unseren Urlaubsreisen, in fast jedem Land dieser Erde, unsere D-Mark von jeder Bank mit Kusshand eingetauscht wurde.

Viele Menschen, hauptsächlich die Älteren, konnten sich noch nicht mit diesen Umständen abfinden und betrachteten die neuen Geldscheine und Münzen mit großem Misstrauen. Mein Onkel Heinrich gehörte zu dieser Gruppe. Er war schon immer ein recht vorsichtiger Mensch gewesen, der allem Neuen, was auf ihn zu kam, sehr skeptisch begegnete. Mit der Euro-Währung stand er auf Kriegsfuß und ich hatte mir in der letzten Zeit schon einige lange, mehr als negative Äußerungen über die neue Währung betreffend, anhören müssen.

Er war mittlerweile über achtzig und ich kümmerte mich ein wenig um ihn. Dazu gehörte auch, dass ich einmal pro Woche zu ihm fuhr und wir dann gemeinsam seinen Wocheneinkauf erledigten. Als ich wieder einmal bei ihm eintraf, um mit ihm Einkaufen zu gehen, erwartete er mich schon ausgehfertig. Er machte einen etwas griesgrämigen Eindruck, als er mich kühl und recht knapp begrüßte. Erstaunt nahm ich das zur Kenntnis, denn er freute sich eigentlich immer auf meinen Besuch und den anschließenden Einkaufbummel.

„Was ist denn mit dir los? Welche Laus ist dir denn über die Leber gelaufen, oder bist du heut morgen mit dem falschen Bein aus dem Bett gestiegen?" flachste ich ihn lustig an. Er gab erst keine Antwort, sondern wies mit ernster Miene auf den Küchentisch. Mein Blick folgte seiner hinweisenden Hand und glitt über den Tisch. Der war völlig leer, bis auf einen Zettel, auf den er wie üblich, seine Einkaufswünsche aufgeschrieben hatte. Dann sah ich noch, dass auf dem Zettel eine Zwei-Euro-Münze lag.

Ich schaute ihn mit Unverständnis an und fragte: „Na und? – Willst du heute deinen gesamten Einkauf mit nur zwei Euro bezahlen? Nun sag schon, was mit dir los ist."

„Quatsch", schnaufte er grimmig zurück. „Schau dir das Geld an, das haben sie dir vorige Woche in der Bäckerei angedreht. Ich hab es dir schon immer gesagt, dass wir Deutschen in Zukunft mächtig be... werden. Da", er tippte mit dem Zeigefinger mehrmals hart auf die Münze, „da hast du schon die Bestätigung, dass ich mit meinen Worten voll Recht habe." Er machte eine Pause, atmete noch einmal tief durch und sagte zum Abschluss, laut und mit anklagender Stimme, dabei erneut auf die Münze tippend: „Falschgeld."

Immer noch voller Unverständnis nahm ich die Münze in die Hand. Es war eine noch prägefrische Zwei-Euro-Münze aus den Niederlanden. Mir begann langsam klar zu werden, was ihn so erregte, aber ich fragte scheinheilig: „Was soll denn mit dem Geldstück los sein?"

Er riss mir die Münze aus der Hand und deutete auf das Profil der Königin Beatrix und fragte aufgebracht: „Ja bist du denn blind?"

Lachend legte ich ihm meinen Arm um die Schultern, schob ihn zu seinem Lieblingssessel und bat ihn, sich dort niederzulassen. Dann erklärte ich ihm mit Engelszungen, lang und ausführlich, wie sich das mit den Münzen verhielt, dass jeder

Mitgliedstaat der EU die eine Seite der Münzen mit eigenen Motiven prägen würde, und nur die Seite, auf der die Werte der Münzen angegeben würden, gleich wären. Er hörte sich meinen „währungspolitischen" Aufklärungsunterricht kommentarlos an. An seiner immer noch verschlossenen Miene sah ich jedoch, dass er mir nicht so recht glaubte. Na gut, dachte ich bei mir, mit der Zeit, in der Praxis, wird er sehen, dass meine Worte stimmen. Dann brachen wir auf, um unsere heutigen Einkäufe zu tätigen. Als erstes besuchten wir die Bäckerei, wo er das Brot für die nächste Woche kaufte. Die Verkäuferin war eine hübsche und sehr freundliche Türkin. Sie legte die gekaufte Ware auf den Tresen, die ich dann direkt in ein Einkaufsnetz verstaute. Dann sagte sie zu meinem Onkel Heinrich: „Das macht 7,65 €" Heinrich zückte seine Börse und begann umständlich Münzen daraus hervor zu holen, die er dann auf den Wechselteller legte. Er legte alle Münzen so nieder, dass sie mit der Seite, auf der die Zahlen sind, nach oben auf dem Teller lagen. Die Verkäuferin zog nun mit einem Finger die Münzen in die Handfläche ihrer anderen Hand und zählte laut: „Zwei, vier, fünf, sechs, sieben. Sieben und fünfzig, sechzig ,fünfundsechzig, stimmt genau. Vielen Dank, Kleingeld können wir immer brauchen." Heinrich hatte es plötzlich eilig und marschierte zur Tür. Ich hatte noch einige Worte mit der Verkäuferin gewechselt und folgte ihm also nicht direkt. Als er an der Türe war, drehte er kurz seinen Kopf und fauchte unwillig: „Nun komm doch endlich." Als ich ihn auf der Straße einholte, gingen wir einige Meter stumm nebeneinander her. Plötzlich erhielt ich von ihm einen ziemlich derben Rippenstoß. Erstaunt sah ich ihn an. Er strahlte, seine griesgrämige Miene war verschwunden, und er grinste mich verschmitzt an: „So, dat Falschjeld sinn mer loss, dat han se jetzt widder in dä Bäckerei zoröck jekräje, die hatten et dir jo och vürje Woch anjedrieht."

Bildnachweis

Historisches Archiv der Stadt Köln:
45, 47, 51, 53, 57, 59, 89, 91, 93,

Walter Dick Archiv:
Titelseite, 49, 99, 101

Günter Eilemann, privat:
111, 115

Hans Blum, privat:
123, 127

Mit Erlaubnis von „Deutsches Sport- und Olympia-Museum":
173